本书出版受到武汉纺织大学2023年度学术著作出版基金、湖北省高等学校哲学社会科学研究重大项目（省社科基金前期资助项目）（22ZD086）、湖北省高校人文社会科学重点研究基地——企业决策支持研究中心重点项目（DSS20220602）资助

公平关切下的 闭环供应链 运作优化研究

曹晓刚　闻卉　著

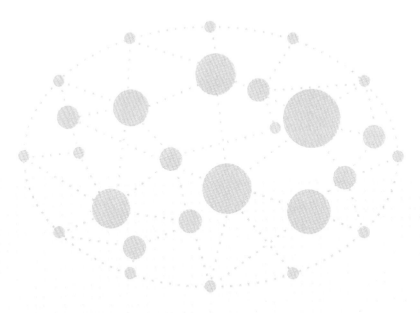

WUHAN UNIVERSITY PRESS
武汉大学出版社

图书在版编目(CIP)数据

公平关切下的闭环供应链运作优化研究/曹晓刚,闻卉著.—武汉：
武汉大学出版社,2023.12
ISBN 978-7-307-24111-4

Ⅰ.公⋯　Ⅱ.①曹⋯　②闻⋯　Ⅲ.供应链管理—研究　Ⅳ.F252.1

中国国家版本馆 CIP 数据核字(2023)第 211283 号

责任编辑:唐　伟　　　责任校对:汪欣怡　　　版式设计:韩闻锦

出版发行：**武汉大学出版社**　　(430072　武昌　珞珈山)
　　　　　(电子邮箱:cbs22@whu.edu.cn　网址:www.wdp.com.cn)
印刷:武汉邮科印务有限公司
开本:720×1000　　1/16　　印张:11.5　　字数:186 千字　　插页:1
版次:2023 年 12 月第 1 版　　2023 年 12 月第 1 次印刷
ISBN 978-7-307-24111-4　　　　定价:68.00 元

前　言

近年来，关于闭环供应链的定价决策与协调问题正在成为管理科学相关研究中炙手可热的问题，原因是伴随着渐渐出现的资源短缺和环境问题等，政府各部门及企业都在寻求一种能够解决生产和资源平衡问题的方法，闭环供应链正是顺应了这一趋势，在循环经济理论的倡导下，废旧产品的回收再制造活动被引入企业的战略经营决策中，从而在传统供应链的基础上形成了一条"资源—生产—消费—再生资源"的闭环链条，具有反馈性、增值性的显著特征。因此，本书在供应链各成员公平关切下，综合考虑差别定价与协调、成本分担、环保意识、专利保护、混合回收、两级再制造以及博弈结构等对企业最优决策的影响，研究了再制造与闭环供应链系统的决策优化问题。

本书的组成部分如下：第 1 章为目前相关研究的背景及意义；第 2 章为目前国内外相关文献研究现状；第 3 章为公平关切下的闭环供应链差别定价与协调决策问题；第 4 章研究公平关切下考虑成本分担的闭环供应链回收定价问题；第 5 章研究考虑消费者环保意识和公平关切的闭环供应链回收定价问题；第 6 章探讨考虑公平关切的混合回收渠道闭环供应链决策问题；第 7 章研究专利保护下考虑公平关切的双渠道供应链定价决策问题；第 8 章讨论考虑再制造商公平关切的两级再制造定价决策问题；第 9 章对本书进行了系统的总结。

武汉纺织大学管理学院　　曹晓刚

2023 年 3 月于武汉

1

目　　录

第1章 绪 论

1.1 研究背景和研究意义

近来，环境污染问题和能源紧缺问题成为各行业普遍关注的焦点，传统的末端治理方式不能从根本上改善环境，还会造成大量的资源浪费，因此，实现经济的可持续发展要求把发展循环经济当作一种典型的范式，成为对现实生产、生活的指导准则，鉴于此，2021 年 3 月 11 日，第十三届全国人大四次会议表决通过了国家"十四五"规划纲要的决议，明确提出："加强废旧物品回收设施建设，完善城市废旧物品回收分拣体系。"废旧产品的回收再制造不只可以给企业带来一定的经济效益，同时也能够给社会和环境带来正向的影响，产品的回收再制造符合循环经济的基本理念，在当今环境保护和节约资源的社会共识大背景下，关于逆向物流和回收再制造的相关研究得到不断发展。另一方面，很多消费者开始把环保的因素纳入自身的消费决策中，他们开始愿意去接受并购买再制造产品。新的市场竞争格局下，企业的核心竞争力的培养和发展成为了最关键的一个要素，因此，废旧产品的回收及再制造渐渐成为企业增加利润、提高竞争力的重要手段。

然而，仅仅依靠单个企业很难取得废旧产品回收和再制造的成功，还必须依靠供应链的中上游供应商、制造商以及下游的分销商、零售商及顾客的协作。在废旧产品的回收决策中，供应链多个决策主体的协调要求将传统的正向供应链与逆向供应链(Reverse Supply Chain，RSC)结合起来，而闭环供应链(Closed-loop Supply Chain，CLSC)正是为了顺应这一理论思想。闭环供应链管理强调从个人到企业、从政府到整个社会共同参与决策，而其相关问题不仅包括了一般供应链的决策问题，更为重要和复杂的是要考虑废旧产品逆向回收的不同环节。实施闭环供应链不仅对扩大企业在市场中所占的份额和提高企业利润有一定的促进作用，还对提高企业的核心竞争力有很大影响，怎样将正向和逆向供应链进行有机集成成为一个巨大的挑战。

随着资源和环境等问题日益突出，人们越来越重视废旧产品的回收再制造。2022年年初，国家发改委联合相关部门印发的《关于加快废旧物资循环利用体系建设的指导意见》提出，到2025年将建设1000个绿色分拣中心，废钢铁、废有色金属、废塑料、废纸等主要再生资源循环利用量达到4.5亿吨，为今后五年我国废旧物资循环利用体系的全面建设作出系统谋划。施乐公司在五年内通过回收再制造节省原材料成本达2亿美元，惠普生产的可重复利用的打印机墨盒已经产生可观的经济效益，因此，再制造和闭环供应链已逐步引起了广泛重视。此外，供应链中制造商和零售商之间的利润分配会引发它们各自的公平关切行为，供应链成员不仅关注自身的利润，还会关心成员之间收益性的公平性问题，因此，在闭环供应链研究中引入公平关切将更具现实意义。

鉴于此，本书基于闭环供应链外部消费者环保意识与专利保护以及内部竞争与合作的背景，在分析供应链内部成员间成本分担、协调机制、混合回收、两级再制造结构的基础上，研究公平关切下的闭环供应链差别定价、专利许可、混合回收及两级再制造决策问题。具体包括：公平关切下的闭环供应链差别定价决策与协调策略、公平关切下考虑成本分担的闭环供应链回收与定价决策、考虑消费者环保意识和公平关切的闭环供应链回收与定价决策、公平关切下考虑专利保护的双渠道闭环供应链定价策略、考虑公平关切的闭环供应链混合回收与定价决策、考虑再制造商公平关切的两级再制造供应链定价决策。从理论意义上看，对公平关切下闭环供应链的生产与定价研究丰富了供应链管理中的定价决策理论，为行为偏好环境下闭环供应链的高效运作及有机整合提供了一定的理论借鉴，有利于提高闭环供应链的管理绩效和实现闭环供应链管理的集成化运作。从实践意义上看，该研究能为企业的再制造及闭环供应链的管理实践提供重要的理论依据和决策支持。

1.2 研究内容

本书在公平关切这一大背景下，综合考虑差别定价与协调、成本分担、环保意识、专利保护、混合回收、两级再制造结构对闭环供应链成员均衡决策及利润的影响。研究内容主要包括：公平关切下的闭环供应链差别定价决策与协调问题；公平关切下考虑成本分担的闭环供应链回收与定价决策问题；考虑消费者环保意识和公平关切的闭环供应链回收与定价决策问题；公平关切下考虑专利保护的双渠道闭环供应链定价策略问题；考虑公平关切的闭环供应链混合回收与定价决策问题；考虑再制造商公平关切的两级再制造供应链定价决策问题。本书的内容框架如图1.1所示。

具体内容如下：

第1章介绍研究背景及意义，并总结了主要的研究内容和研究方法，在与以往研究成果的对比分析上说明了本书的研究创新点所在。

第2章对相关国内外文献研究进行了综述，首先对闭环供应链的定价与协调问题进行了综述，然后从专利产品再制造、政府补贴、消费者偏好、两级再制造、供应链成员合作等方面对闭环供应链定价与协调进行了简要说明，最后对目前学术界关于闭环供应链决策问题的研究成果进行了简要的评述。

第3章在考虑闭环供应链成员公平关切的情形下研究成员及整个系统的差别定价与协调策略，通过比较公平中性和公平关切下的结果来分析公平关切对供应链决策的影响。

第4章针对同时生产新产品和再制造产品的制造商和同时进行销售和回收的零售商组成的闭环供应链系统，分析零售商公平关切、制造商的成本分担对供应链系统决策的影响。

第5章针对同时进行新旧产品的生产活动的制造者和同时进行销售和回收的零售商以及消费者组成的闭环供应链系统，在零售商公平关切下考虑回收成本分担，分析消费者的环保意识对供应链系统的影响。

第6章考虑由一个制造商和一个公平关切的零售商或一个制造商、一个公平关切的零售商和一个第三方回收商组成的双回收渠道闭环供应链。在该闭环供应链中，制造商生产新产品以及对废旧产品进行回收再制造，零售商

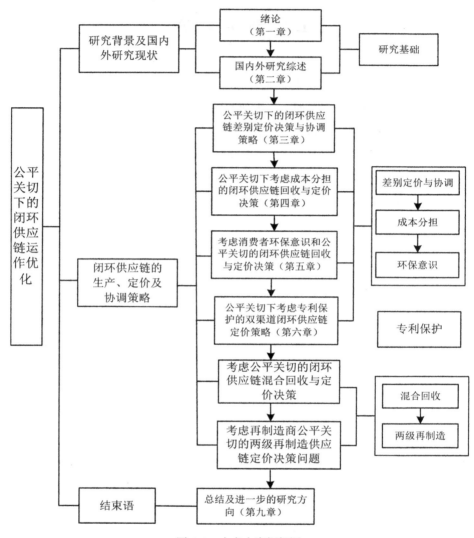

图 1.1 本书内容框架图

负责销售产品并进行回收，第三方回收商回收废旧产品。根据回收渠道选择不同，建立 4 种混合回收渠道模型，即制造商和零售商混合回收渠道（MR）模型、制造商和第三方混合回收渠道（MT）模型、零售商和第三方混合回收渠道（RT）模型、制造商、零售商及第三方混合回收渠道（MRT）模型。

第 7 章将零售商的公平关切行为引入双渠道闭环供应链，建立了受专利保护的制造商许可零售商进行再制造的 Stackelberg 博弈模型,利用博弈理论分析了制造商和零售商的最优决策以及专利许可费对旧产品回收再制造的影响。

第 8 章考虑了由供应商、装配商和受专利保护的再制造商组成的两级再制造供应链模型,在获得两个零部件的平衡批发价格和销售价格的三种情况下,没有公平关切问题(N 模型),供应商关注再制造商的公平问题(F 模型),供应商不关心再制造商的公平关切问题(NF 模型)。通过理论分析和数值模拟,得到了定价决策的均衡解,并对单位专利许可费、利润和公平性系数的敏感性分析,表明 F 模型对再制造商和整个供应链是最好的,N 模型是最佳的,NF 模型是最好的。

最后一章对全书的研究结论及局限做出相关的概述,并总结出下一步的研究方向。

1.3 研 究 方 法

本书整体上将通过量化的方法建立相关的决策模型并进行分析,遵从问题导向,主要采用了博弈分析法、最优化方法和消费者效用理论等研究方法对公平关切情形下闭环供应链的生产与定价决策问题进行了分析。主要研究思路如下:

(1)在已有文献对公平关切下闭环供应链的定价、协调机制、政府补贴、回收渠道、两级再制造问题的最优决策模型的研究基础上进行深入的归纳和总结,并结合典型企业的具体实践,建立更加符合实际的决策模型。

(2)运用最优化方法和动态竞争博弈对模型进行分析和求解。首先选取关键影响因素,建立决策模型;然后在此基础上,通过数理分析方法得到系统最优决策解。

(3)首先运用仿真模拟的方法或通过开发一定的算法获得其均衡解,进一步分析模型的性质和特点,发掘问题的规律;然后通过对中间决策变量(如再制造程度和单位专利许可费等)的控制,分析它们相互之间的关系,并得出研究结论。

1.4　本研究的创新点

在对比分析已有相关研究的基础上，结合本书的研究内容和方法，创新点主要体现在：

(1)一些学者只研究了零售商具公平关切行为下的定价决策与协调问题，或者只研究横向或纵向上的公平关切问题，而并未涉及多个参与者的公平关切问题，也有一些学者研究了闭环供应链成员公平关切下的广告合作问题，但却并未涉及定价决策和协调策略，也有学者只研究了公平关切对契约协调的影响，并未涉及公平关切对供应链决策的影响；故本章同时对比了公平中性、制造商公平关切、零售商公平关切、两者均公平关切下的差别定价决策，并采用收益共享契约机制进行协调。

(2)现有关于公平关切的回收供应链中，零售商回收时的成本制造商是否分担并未涉及，且未有文献涉及成员间不同行为因素的决策的影响程度。本书在考虑零售商公平关切的同时考虑制造商的成本分担，并在分析成本分担和公平关切对供应链决策的同时，研究这两种行为对供应链决策的影响。构建了四种不同的情形：零售商公平中性下制造商不参与回收成本分担；零售商公平中性下制造商参与回收成本分担；零售商公平关切下制造商不参与回收成本分担；零售商公平关切下制造商参与回收成本分担，对零售商负责回收的闭环供应链进行研究，旨在探求供应链的最优决策。

(3)近些年，消费者环保意识对于绿色产品的制造与绿色企业的技术创新产生了较大影响。此外，在市场大环境改变下，不只是制造商和零售商，消费者也会做出反应，因此对消费者行为的研究不可或缺。现有涉及消费者环保意识的研究大多与碳排放相结合，且并未考虑到供应链中成员的公平关切行为，本书为了能够使得研究更符合实际情况，将供应链成员的公平关切引入消费者的环保意识对供应链最优决策的影响。

第2章 国内外相关研究综述

关于闭环供应链已经有很多相关研究，大多集中于闭环供应链的决策结构以及新产品、再制造产品、废旧产品的定价以及供应链的协调等方面。关于决策结构及效率方面，黄祖庆等（2006）研究了在不同决策结构下供应链的收益和效率问题；黄祖庆等（2008）研究了第三方负责回收的再制造闭环供应链收益问题。有关定价与协调方面，Vorasayan 等（2008）分析了回收质量和成本的变化对最优决策的影响；Ferguson 等（2006）研究了含有缺陷产品的闭环供应链协调问题；王文宾等（2011）研究了三种渠道权力结构下闭环供应链的定价问题；张曙红等（2012）应用博弈论方法研究了新产品和再制造产品无差别定价时的定价策略。郭军华等（2012）研究了消费者对新产品和再制造产品支付意愿不同时再制造闭环供应链的定价策略及协调机制。唐秋生等（2012）建立了基于 Stackelberg 理论的 MeRCRM 数量折扣博弈模型。唐秋生等（2013）分析了闭环供应链在有限产能及废旧物品回收数量有限条件下的最优定价策略。易余胤等（2012）分析了渠道冲突对节点企业定价决策和利润的影响。Ferrer 等（2006）在单双寡头环境下分析了第一周期生产新产品、第二周期既生产新产品又生产再制造产品的策略问题。Savaskan 等（2006）在零售商竞争环境下探讨了逆向渠道的回收问题。Debo 等（2005）在异质性消费群体环境下研究了包含再制造产品的联合定价与生产技术选择问题。Ferguson 等（2006）基于再制造产品面临竞争威胁下探讨了制造商的回收策略问题。Atasu 等（2008）研究了竞争环境下通过价格歧视把再制造作为一种营销策略的问题。易余胤等（2009）在三种权力结构下分析了不同结构对回收率、零售价格以及各利润的影响。王文宾等（2011）研究了三种渠道权力结构下闭环供应链的定价与协调问题。聂佳佳等（2011）分析了零售商预测信息分享对第三方负责回收的影响。曹晓刚等（2017）针对闭环供应链的定价、协调与网络均衡决策问题从多个角度进行了研究。

与本书研究内容相关的主要文献有：

(1)在公平关切方面，Du 等(2022)针对决策者具有公平关切行为的共识达成过程，提出了具有公平关注的有限成本共识模型和方法。林强等(2021)等探究了上下游企业的公平关切对供应链成员的均衡决策与效用的影响。Yan 等(2021)讨论了有无需求中断情况分散决策下供应链参与者的最优决策。Wang 等(2021)提出了一种具有利他偏好的协调契约，即成本分担契约。Wang 等(2021)考虑了两种激励机制：奖励-惩罚机制(RPM)和利他偏好(AP)，研究了 RPM 和 AP 对回收决策的影响。王永明等(2021)发现风险规避系数和公平关切系数以及收益份额必须满足某些特定条件，才能使系统达到协调状态。Liu 等(2021)研究了具有两个竞争零售商的供应链企业社会责任投资决策与协调问题。Wang 等(2021)以政府补贴比例为协调变量，设计了"政府补贴分担与成本分担"的联合契约来协调分散决策。赵燕飞等(2021)在需求信息不对称下研究了公平关切对供应链系统均衡结果的影响。李重莲等(2021)引入了批发价格折扣与服务成本共担契约对供应链进行协调。Guan 等(2020)研究了纳什议价公平问题的上下游零售商的供应链协调问题。Wang 等(2020)研究了政府补贴和再制造商的利他偏好对供应链决策的影响。许民利等(2020)引入回收平台的双向公平关切行为分析了供应链各成员的均衡策略。Zhang 等(2020)研究了闭环供应链怎样在有缺陷的产品被退回的情况下决定产品质量和价格。Wang 等(2019)研究了一个包含制造商和零售商的两阶段供应链问题。王磊等(2012)探讨了公平关切度对供应链中各决策变量的影响。熊中楷等(2011)分析了专利许可对旧产品回收再制造的影响，提出了第三方回收再制造的收益分享与费用分担契约协调机制。

另外，还有一些文献探讨了零售商的公平关切怎样影响供应链成员的定价决策。韩同银等(2022)分析了政府不补贴和补贴下零售商公平关切对供应链最优定价决策以及供应链成员利润的影响。Zhou 等(2021)研究了零售商的公平关切和产品的绿色度对供应链决策的影响。刘家国等(2021)在不同信息条件下研究零售商公平关切的价值和策略行为。Qian 等(2020)研究了具有社会责任的制造商和公平意识的零售商在两级供应链中的渠道协调问题。Zhang 等(2019)研究了消费者的环保意识和零售商的公平关注对绿色产品的环境质量、批发价格和零售价格的影响。Zheng 等(2019)提出了合作博弈机制协调三级供应链与公平关切的零售商之间的合作。Li 等(2018)研究了具有公平中立的制造商和公平关切的零售商的两级供应链的碳减排决策。

较少文献研究制造商的公平关切以及消费者的公平关切对供应链成员定价决策的影响。例如，Wang 等（2020）研究了绿色制造商公平关注下的绿色电子商务供应链决策与协调。Zhang 等（2021）纳入了竞争对手的行为，并追踪其对焦点制造商渠道偏好的影响。Wang 等（2019）研究了电商供应链在考虑制造商公平的情况下的决策问题。Yu 等（2022）研究了存在消费者公平关切下，品牌制造商如何采用直接的消费者激励来推迟零售商的品牌进入。

（2）关于混合回收方面，一些学者研究了闭环供应链中不同成员进行回收的情形。Zheng 等（2021）探讨了双竞争销售渠道中制造商的逆向渠道选择问题。陈建华等（2021）对 4 种竞争双渠道销售和多渠道回收下供应链成员的最优决策与利润进行了分析。公彦德等（2020）提出了制造商与销售商两者混合回收及制造商、销售商和第三方混合回收模型。Xu 等（2021）从产品生态设计以及政府补贴的视角，研究制造商或零售商回收渠道的选择问题。Mondal 等（2021）发现渠道的选择取决于制造商、零售商以及第三方回收商之间的回收竞争程度。石纯来等（2020）将奖惩机制引入到混合回收闭环供应链中，研究了制造商的合作策略。Ehsan 等（2021）将碳足迹与集合竞争引入闭环供应链，探讨供应链成员的最优决策。

在网络回收平台逐渐发展的同时，也涌现出许多相关研究。Huang 等（2021）探讨了政府补贴对线上回收、线下回收以及线上线下双渠道回收闭环供应链的影响。Jin 等（2021）探讨了不同渠道权力结构在线上线下回收渠道存在竞争情况下，如何影响定价与供应链的协调。闫彦超等（2022）针对"线上销售/回收+线下服务"这一闭环供应链服务模式，研究了不同渠道权力结构下的最优决策与利润。Kong 等（2017）对 O2O 闭环供应链展开研究。Dhanorkar 等（2018）研究了在线匹配平台对 C2C 闭环供应链的影响。Liu 等（2021）探讨了制造商是否应该直接从平台中的消费者处回收废旧产品。

另外，以往的研究往往假设供应链成员为完全理性，未考虑其可能存在的行为偏好。许多学者就这一点展开研究，探讨了供应链成员不同行为偏好问题。Cui 等（2007）发现当存在公平关切时，制造商可以采用高于边际成本的批发价格来协调该供应链。Sumit 等（2021）研究了在零售商存在公平关切的条件下如何达成供应链协调的问题。曹晓刚等（2019）对比了供应链成员公平中性和公平关切下的均衡决策，并以收益共享契约实现供应链成员的帕累托改进。Yuan 等(2021)从混合回收渠道的视角,分析了具有公平关切和企业社会责任的绿色再制造商的决策。Wang 等(2019)研究了制造商公平关切下电商供应链的决策与协调问题。Kang 等(2021)研究了政府补贴与公平关切对扶贫供应链的影响。李亚东等(2021)在考虑公平关切的基础上,纳入风险规避行为,研究了双重行为偏好对供应商主导型供应链决策的影响。Yan 等(2020)在传统生鲜农产品供应链的基础上进一步考虑了公平关切行为。张涛等(2021)在双回收渠道供应链中引入公平关切行为。He 等(2018)考虑了三种不同的闭环供应链情形,即制造商与零售商同时公平关切、制造商零售商都风险规避以及制造商风险规避但零售商既风险规避又公平关切。Yu 等(2019)研究了线上/线下经营模式下,供应链各成员的公平关切对双渠道供应链决策的影响。

(3)关于两级再制造,赵晓敏等(2012)采用博弈论分析了供应商强势、制造商强势以及供应商制造商势力均衡时的定价策略和供应链系统绩效。丁斌和马海庆(2015)对供应商选择参与和不参与零部件的回收再制造的两种 S—M 闭环供应链进行了研究。一些研究人员研究了制造商和零售商的公平关切问题(Atasu 等,2013;Katok 等,2013),例如,Cui 等(2007)将公平偏好引入传统供应链;Ozgun 等(2010)讨论了当需求函数为非线性时,公平偏好对供应链协调的影响;Qin 等(2016)研究了公平关切和私人生产成本信息的影响,并涉及与有限理性相关的问题;Li 等(2016)将零售商的公平关切引入侵占问题并探讨其影响;Choi 等(2016)通过一项实验研究了公平关切在竞争供应链关系中的作用;Zhou 等(2016)分析了合作广告合同以及减排成本分担合同怎样影响低碳供应链的决策和协调,以及在零售商公平关切时最优决策怎样变化。

(4)关于成本分担方面,Johnson 等(2013)研究了两阶段多部门资本预算问题中具有内在放弃期权的共享投资委托决策方案的性能。肖迪等(2021)基于报童模型,探讨成本分担机制对数据赋能的作用。陈俊霖等(2021)采用演化博弈研究紧俏产品升级成本分担中的产能问题。Li 等(2021)建立了无礼品卡、制造商赞助礼品卡和零售商赞助礼品卡三种模型,以及基于零售商赞助礼品卡结果的成本分摊机制。王兴棠等(2020)基于绿色消费市场,引入绿色研发补贴政策研究了不同契约的影响。曹裕等(2020)考虑自贴与认证两种环境标签,分析了成本分担契约对绿色供应链的影响。范建昌等(2020)对供应链中的责任成本进行分析。Cai 等(2020)针对保修成本建立了两种不同的担保策略模型：制造商担保和供应商担保。王道平等(2020)考虑了保鲜努力水平和运输产品所需时间对产品新鲜度的影响。由于简单的双向成本契约并不能实现帕累托改进，王芹鹏(2014)提供了转移支付的思路以实现契约自执行性。江玉庆等(2021)就线上线下融合的全渠道零售现象进行了研究。

(5)关于消费者环保意识方面，Skallerud 等(2021)解释了环境意识作为态度、社会规范和感知行为控制等所起的调节作用。Skowron(2021)确定环境敏感度对智能手机对环境影响的认知和知识水平是否对受访者的智能手机品牌选择有统计学意义的影响。许民利等(2020)考虑了消费者环保意识对双渠道合作的影响。Zhou 等(2020)在考虑消费者环境保护意识(CEA)和上游竞争的基础上研究了基于碳税和低碳补贴的企业联合定价策略。宋明珍等(2019)研究发现客户在具有环保意识对零售商负责回收的闭环供应链定价和利润都是促进的作用。He 等(2020)解释了 CEA 的不同组成部分对环境友好产品定价和差异化战略的相反影响。杨惠霄等(2020)研究发现，消费者的低碳偏好或碳税都能促进生产商的减排行为，而政府可用适度碳税刺激企业尽可能高地进行减排。Du 等(2016)通过建立生产优化模型分析了碳足迹和低碳偏好对市场供需的影响。Ji(2017)研究发现，销售商在考虑消费者的低碳行为偏好时，即使没有制造商的激励，依旧有动机实施低碳促销。

上述文献虽为相关研究提供了一些思路和借鉴，但仍然存在不足的地方，主要表现在：现有公平关切下的闭环供应链决策问题研究没有考虑到差别定价、成本分担、两级再制造、消费者环保意识、多种混合回收模式和专利保护等因素对闭环供应链决策的影响。本书根据博弈理论的相关思想，借鉴消费者环保意识、混合回收模式、两级再制造以及专利保护等理论研究成果，构建了公平关切下考虑多种因素的闭环供应链模型，探讨成员的竞争、决策结构、成本分担机制和专利保护以及两级再制造对供应链定价决策和利润的影响。

第3章 考虑公平关切的闭环供应链差别定价决策及协调策略

3.1 引　言

现如今，环境保护问题已经成为社会各行各业乃至全球都关注的重点问题之一，环境的污染、资源的短缺损害的不仅仅是政府、企业的利益，还有人民的健康。废旧产品的回收再利用为减少资源浪费、环境污染问题提供了一个很好的良性循环，因此，与闭环供应链的相关决策问题受到许多企业和学者的关注。

目前，学术界有不少关于闭环供应链管理的研究。如 Savaskan 等(2004)、Choi 等(2016)、Savaskan 等(2004)研究了回收模式下的定价决策问题；Mitra 等(2008)研究了政府补贴下的制造商和再制造商竞争模型；Ferrer 等(2010)探讨了多周期模型下闭环供应链中新产品与再制造品的差别定价问题；Ferguson 等(2006)则研究了消费者对新产品和再制造产品有不同认知偏好下的差异化定价策略，但以上外文文献均未探讨如公平关切、损失规避方面的行为倾向对闭环供应链决策的影响问题。还有一些国内学者也并未考虑行为倾向对闭环供应链决策方面的影响研究，如顾巧伦等(2005)只研究了闭环供应链的回收决策，郭军华等(2012)、李响等(2011)、葛静燕等(2007)研究了正向与逆向供应链的定价与协调策略；郑本荣等(2016)对销售渠道的选择以及双渠道供应链的协调机制进行了研究；卢荣花等(2016)研究了不同回收模式下回收渠道的选择问题；孙嘉轶等(2013)基于回收数量函数探讨了三种回收模式(两零售商回收、一个零售商回收和制造商回收)的选择问题；谢家平等(2017)基于线上销售–线下服务的互补型双渠道供应链模式探讨了收益共享契约机制下的两种模型定价。

　　许多学者也有关于行为倾向方面的研究。如 Hopp 等(2004)认为管理科学研究的新趋势将表现在行为特征研究上；Fehr E 等(1999)的研究表明人们在现实生活中极度关注其收益性的分配是否公平，即公平关切；Loch 等(2008)认为除了公平关切，人们还存在其他对人们的决策行为产生重要影响的行为心理特征。一些学者也考虑到公平关切问题，如 Ho 等(2014)和 Zhang 等(2019)证实了供应链环境中确实存在公平问题并采用公平关切效用函数加以描述；林强等(2016)研究了关平关切下供应链的定价决策；马利军等(2011)研究了成员具公平关切的两阶段供应链，Li 等(2021)在双渠道供应链中考虑广告合作中的公平关切行为；Shi 等(2014)研究由供应商和两零售商组成的供应链在公平关切下的定价决策；邢伟等(2011)分析了双渠道供应链的渠道公平对均衡策略的影响；石松等(2016)运用博弈论方法研究了制造商公平关切对低碳供应链定价决策的影响；石平等(2016)研究了公平关切行为和产品绿色化效率对绿色供应链定价策略的影响，而上述研究并未考虑回收。李波等(2017)研究了闭环供应链成员公平关切行为的广告合作策略；陈章跃等(2016)考虑了制造商在横向与纵向公平关切的决策分析；马德青等(2018)采用微分博弈理论研究了制造商回收模式下的公平关切问题；张克勇等(2013，2014)，姚锋敏等(2016，2017)均只研究了某个参与者的公平关切对供应链定价决策的影响，并未考虑到其他参与者的偏好或其他因素的影响，且上述研究并未涉及契约协调问题，邹清明等(2018)研究基于公平关切下的双向双渠道供应链定价问题，也并未涉及协调策略。

　　关于公平关切环境下的契约协调也引起了学者们的关注。Ho 等(2014)研究了一个分销商同时存在横向和纵向公平关切时的契约设计问题；Cui 等(2007)讨论了确定性需求下批发价契约机制的有效性；毕功兵等(2013)研究了市场需求不确定条件下，不公平厌恶对批发价格契约协调供应链的影响；毕功兵等(2013)通过引入公平关切，探讨销售回扣契约对协调供应链的影响；马利军等(2013)研究了幂函数需求模式下的供应链协调问题；刘云志等(2016)研究了不公平厌恶模型下针对模糊需求下供应商公平关切的二级 VMI 供应链在批发价格契约下的协调情况。

　　在现实生活中，因为收益共享契约具有相对易操作以及低廉的管理成本被广泛应用在供应链中,如易余胤等(2017)研究了制造商公平关切,零售商提供延保服务的供应链在收益共享契约和两部定价契约下能否实现协调的问题;浦徐进等(2015)通过构建收益共享契约机制来研究零售商公平关切下促销努力激励机制;杜少甫等(2010)研究了零售商公平关切下,批发价契约、收益共享契约和回购契约等几种契约的协调性,并未涉及公平关切对供应链决策的影响。以上文献虽考虑了公平关切的协调问题,但未将现实中企业的实际运作考虑进去。丁雪峰等(2014)分析了制造商关注与不关注零售商的公平关切时供应链的最优决策及协调策略,但文献也只涉及某个参与者的单一偏好问题,而现实生活中普遍存在成员间有不同程度的公平关切问题;刘志等(2016)研究了制造商关注和不关注再制造商公平关切的闭环供应链生产决策,并采用收益共享契约进行协调。

　　供应链中制造商和零售商间的利润分配通常会触发公平关切发生作用,供应链成员不仅关注自身的利润,还会关心成员之间收益性的公平性问题,因此将公平关切引入闭环供应链中进行研究将更具有现实意义。而基于以上,一些学者只研究了零售商公平关切下的定价决策与协调问题,或者只研究横向与纵向上的公平关切问题,而并未涉及多个参与者的公平关切问题,也有一些学者研究了闭环供应链成员公平关切下的广告合作问题,但却并未涉及定价决策和协调策略,也有学者只研究了公平关切对契约协调的影响,却并未涉及公平关切对供应链决策的影响;故本章对比了公平中性、制造商具公平关切、零售商具公平关切、两者均具公平关切下的差别定价决策,并采用更为方便经济的收益共享契约机制协调公平关切下的闭环供应链。

　　本章是在完全信息对称下研究公平关切,主要考虑:(1)闭环供应链成员(制造商和零售商)无公平关切下的决策问题,决策目标均为利润最大化。(2)闭环供应链成员公平关切情形下的决策分析,其中又可分为三种情况:①制造商和零售商均公平关切,即双方互相考虑对方的公平关切行为,双方可以察觉到对方的信息,双方的各自决策过程均会考虑到对方的公平感受;②制造商公平关切,零售商公平中性,零售商可以观察到制造商公平关切的信息,其决策过程会考虑制造商的公平感受;③零售商公平关切,制造商公平中性,由于分散化决策存在的"双重边际化"问题,故本章最后将采用一定的契约机制进行协调。

3.2　问题描述及假设

本章所研究的闭环供应链由单一制造商和单一零售商所组成。在该系统中，制造商生产新产品和再制造产品，零售商以一定价格回收旧产品，制造商进行再制造，以实现对废旧产品的再利用。

假设与符号说明如下：

（1）假设制造商关于新产品的单位生产成本为 c_n，生产再制造产品的单位再制造成本为 c_r，且 $c_n > c_r > 0$。

（2）假设新产品与再制造产品存在价格竞争，制造商分别以单位批发价 ω_n 和 ω_r 批发给零售商，零售商以单位售价 p_n 销售新产品，以 p_r 销售再制造产品；参考微观经济学中关于"存在价格竞争的两个寡头所面临的市场需求函数形式"，将新产品的市场需求函数表示为 $q_n = \varphi_n - p_n + \gamma p_r$，将再制造产品的市场需求函数表示为 $q_r = \varphi_r - p_r + \gamma p_n$，其中 $\gamma(0 \leqslant \gamma \leqslant 1)$ 表示新产品与再制造产品的相互替代系数；φ_n 和 φ_r 分别表示新产品和再制造产品的最大市场需求规模，由于消费者对再制造产品的认可度普遍比新产品低，故 $\varphi_n > \varphi_r$。

（3）假设零售商回收的废旧产品全部转移给制造商，并且制造商能全部用于再制造，即回收产品的再制造率为1。零售商以单位回收价格 b 回收废旧产品，制造商再从零售商处以单位回收转移价格 m 购买废旧产品，回收数量为 g，零售商从市场回收的废旧产品数量受其回收价格的影响，即回收数量函数为 $g = \xi + kb$，其中 ξ 为消费者自愿返还的数量，$k(k > 0)$ 为回收价格敏感系数。

（4）本章借鉴张克勇等关于废旧产品回收量与市场再制造产品需求关系的假设，假设制造商对 $g > q_r$ 的再制造产品的市场单位处理价为 s。

（5）本章中，π_s，π_m，π_r 分别表示供应链系统、制造商和零售商利润；$u_m(\pi)$ 和 $u_r(\pi)$ 分别表示制造商和零售商的公平效用；上标 c，d，sc 分别表示闭环供应链为集中决策、分散决策以及契约协调情形；变量加上标"$-$"表示公平关切的情形，上标 m 表示仅制造商公平关切的情形，上标 r 表示仅零售商公平关切的情形；上标"$*$"表示最优结果。

3.3　闭环供应链成员公平中性情形下模型分析

本章在研究时给出了两种决策模型：集中化决策与分散化决策。

3.3.1　集中化决策模型分析

集中化决策是使整个系统利润最大化的决策方法，在此，闭环供应链的整体利润为

$$\max_{p_n, p_r, b} \pi_s^c = (p_n - c_n)q_n + (p_r - c_r)q_r + (s - c_r)(g - q_r) - bg，即 \max_{p_n, p_r, b} \pi_s^c =$$
$$(p_n - c_n)(\varphi_n - p_n + \gamma p_r) + (p_r - s)(\varphi_r - p_r + \gamma p_n) + (s - c_r - b)(\xi + kb)。$$

根据利润函数的凹性，可得：

命题 3.1　集中决策下，制造商和零售商均公平中性时的最优决策如下：

新产品最优单位销售价格 $p_n^{c*} = \dfrac{\gamma \varphi_r + \varphi_n}{2(1 - \gamma^2)} + \dfrac{c_n}{2}$，再制造产品最优单位销售价格

$p_r^{c*} = \dfrac{\gamma \varphi_n + \varphi_r}{2(1 - \gamma^2)} + \dfrac{s}{2}$，废旧产品的最优单位回收价格 $b^{c*} = \dfrac{k(s - c_r) - \xi}{2k}$，故新

产品最优销量 $q_n^{c*} = \dfrac{\varphi_n + \gamma s - c_n}{2}$，再制造产品最优销量 $q_r^{c*} = \dfrac{\varphi_r + \gamma c_n - s}{2}$，废

旧产品最优回收量 $g^{c*} = \dfrac{k(s - c_r) + \xi}{2}$，供应链系统的最优利润为 $\pi_s^{c*} =$

$\dfrac{1}{4k(1 - \gamma^2)}A$，其中 $A = k[\gamma \varphi_r + \varphi_n - (1 - \gamma^2)c_n](\varphi_n + \gamma s - c_n) + k[\gamma \varphi_n + \varphi_r -$
$(1 - \gamma^2)s](\varphi_r + \gamma c_n - s) + (1 - \gamma^2)[k(s - c_r) + \xi]^2$，下文中该式均用 A 表示。

3.3.2　分散化决策模型分析

分散化决策是制造商和零售商分别追求各自利润最优的一种决策，制造商作为主导者，首先决定批发给零售商新再制造产品的批发价 ω_n 和 ω_r，以及从零售商处购买废旧产品的转移价格 m，零售商再确定产品的销售价格 p_n 和

p_r 以及从市场回收废旧产品的回收价格 b。其决策模型为：

$$\max_{\omega_n,\ \omega_r,\ m} \pi_m^d = (\omega_n - c_n)q_n + \omega_r q_r - (m + c_r)g + s(g - q_r)$$

$$\text{s. t.} \max_{p_n,\ p_r,\ b} \pi_r^d = (p_n - \omega_n)q_n + (p_r - \omega_r)q_r + (m - b)g$$

将新产品与再制造产品需求函数以及废旧产品回收量代入，化简得：

$$\max_{\omega_n,\ \omega_r,\ m} \pi_m^d = (\omega_n - c_n)(\varphi_n - p_n + \gamma p_r) + (\omega_r - s)(\varphi_r - p_r + \gamma p_n)$$
$$+ (s - m - c_r)(\xi + kb)$$

$$\text{s. t.} \max_{p_n,\ p_r,\ b} \pi_r^d = (p_n - \omega_n)(\varphi_n - p_n + \gamma p_r) + (p_r - \omega_r)(\varphi_r - p_r + \gamma p_n)$$
$$+ (m - b)(\xi + kb)$$

命题 3.2 分散化决策下，制造商和零售商均为公平中性的最优决策如下：

制造商关于新产品与再制造产品的最优单位批发价为 $\omega_n^{d*} = \dfrac{\gamma\varphi_r + \varphi_n}{2(1 - \gamma^2)} +$

$\dfrac{c_n}{2}$ 和 $\omega_r^{d*} = \dfrac{\gamma\varphi_n + \varphi_r}{2(1 - \gamma^2)} + \dfrac{s}{2}$，制造商收购废旧产品的单位转移价为 $m^{d*} =$

$\dfrac{k(s - c_r) - \xi}{2k}$；零售商关于新产品与再制造产品的最优单位销售价为 $p_n^{d*} =$

$\dfrac{3(\gamma\varphi_r + \varphi_n)}{4(1 - \gamma^2)} + \dfrac{c_n}{4}$ 和 $p_r^{d*} = \dfrac{3(\gamma\varphi_n + \varphi_r)}{4(1 - \gamma^2)} + \dfrac{s}{4}$，零售商的最优单位回收价格 $b^{d*} =$

$\dfrac{k(s - c_r) - 3\xi}{4k}$；故零售商关于新产品与再制造产品的最优销量为 $q_n^{d*} =$

$\dfrac{\varphi_n + \gamma s - c_n}{4}$ 和 $q_r^{d*} = \dfrac{\varphi_r + \gamma c_n - s}{4}$，，废旧产品最优回收量 $g^{d*} = \dfrac{k(s - c_r) + \xi}{4}$。

制造商和零售商的最优利润为：

$$\pi_m^{d*} = \frac{1}{8k(1 - \gamma^2)}A, \quad \pi_r^{d*} = \frac{1}{16k(1 - \gamma^2)}A。$$

供应链系统最优利润为：$\pi_m^{d*} + \pi_r^{d*} = \dfrac{3}{16k(1 - r^2)}A$。

证明： 根据逆向归纳法，由 $\dfrac{\partial \pi_r^d}{\partial p_n} = 0$，$\dfrac{\partial \pi_r^d}{\partial p_r} = 0$，$\dfrac{\partial \pi_r^d}{\partial b} = 0$ 得零售商的各最优

函数为 $p_n^d = \dfrac{\gamma\varphi_r + \varphi_n}{2(1 - \gamma^2)} + \dfrac{\omega_n}{2}$，$p_r^d = \dfrac{\gamma\varphi_n + \varphi_r}{2(1 - \gamma^2)} + \dfrac{\omega_r}{2}$，$b^d = \dfrac{km - \xi}{2k}$，将其代入制造

商利润函数 π_m^d，再对其求解一阶导可知制造商利润函数是 ω_n，ω_r 和 m 的严格凹函数，进而可求得制造商和零售商的最优决策函数。

通过比较集中分散决策下闭环供应链的总利润 $\pi_m^{d*} + \pi_r^{d*} = \dfrac{3}{4}\pi_s^{c*} < \pi_s^{c*}$，可知分散决策下的总利润低于集中化决策，也即反映出集中化决策效率高于分散化下决策效率。

3.4　闭环供应链成员公平关切情形下模型分析

本章假设制造商和零售商均公平关切，其目标均为追求自身效用的最大化，假设 $\lambda(\lambda \geqslant 0)$，$\eta(\eta \geqslant 0)$ 分别表示制造商和零售商的公平关切系数，其中 λ，$\eta = 0$ 分别表示制造商和零售商公平中性，λ，$\eta \rightarrow \infty$ 分别表示制造商对公平极度关注、零售商对公平极度关注。

制造商和零售商的效用函数分别为 $u_m(\pi) = \pi_m - \lambda(\pi_r - \pi_m)$ 和 $u_r(\pi) = \pi_r - \eta(\pi_m - \pi_r)$。

根据逆向归纳法，将制造商和零售商利润函数代入零售商效用函数 $u_r(\pi)$，得 $u_r(\pi) = (1+\eta)\left[(p_n - \omega_n)(\varphi_n - p_n + \gamma p_r) + (p_r - \omega_r)(\varphi_r - p_r + \gamma p_n) + (m - b)(\xi + kb)\right] - \eta\left[(\omega_n - c_n)(\varphi_n - p_n + \gamma p_r) + (\omega_r - s)(\varphi_r - p_r + \gamma p_n) - (m + c_r - s)(\xi + kb)\right]$。

由 $\dfrac{\partial u_r(\pi)}{\partial p_n} = 0$，$\dfrac{\partial u_r(\pi)}{\partial p_r} = 0$，$\dfrac{\partial u_r(\pi)}{\partial b} = 0$，得零售商效用最大化下的各最优函数 $p_n = \dfrac{(1+2\eta)\omega_n}{2(1+\eta)} + \dfrac{\gamma\varphi_r + \varphi_n}{2(1-\gamma^2)} - \dfrac{\eta c_n}{2(1+\eta)}$，$p_r = \dfrac{(1+2\eta)\omega_r}{2(1+\eta)} + \dfrac{\gamma\varphi_n + \varphi_r}{2(1-\gamma^2)}$ $- \dfrac{\eta s}{2(1+\eta)}$，$b = \dfrac{k(1+2\eta)m - (1+\eta)\xi + k\eta(c_r - s)}{2k(1+\eta)}$，将其代入制造商效用

函数 $u_m(\pi)$ 中，令 $\dfrac{\partial u_m(\pi)}{\partial \omega_n} = 0$，$\dfrac{\partial u_m(\pi)}{\partial \omega_r} = 0$，$\dfrac{\partial u_m(\pi)}{\partial m} = 0$，得到制造商效用最大化下的最优决策：

$$\bar{\omega}_n^* = \frac{(1+\eta)^2 + (1+2\lambda)(\gamma\varphi_r + \varphi_n)}{(1-\gamma^2)(1+2\eta)(2+2\eta+3\lambda+3\eta\lambda)} +$$

$$\bar{\omega}_r^* = \frac{(1 + \lambda + 4\eta + 4\eta\lambda + 3\eta^2 + 2\eta^2\lambda)c_n}{(1 + 2\eta)(2 + 2\eta + 3\lambda + 3\eta\lambda)} + \frac{(1 + \eta)^2 + (1 + 2\lambda)(\gamma\varphi_n + \varphi_r)}{(1 - \gamma^2)(1 + 2\eta)(2 + 2\eta + 3\lambda + 3\eta\lambda)} + \frac{(1 + \lambda + 4\eta + 4\eta\lambda + 3\eta^2 + 2\eta^2\lambda)s}{(1 + 2\eta)(2 + 2\eta + 3\lambda + 3\eta\lambda)}$$

$$\bar{m}^* = \frac{(1 + \lambda + 4\eta + 4\eta\lambda + 3\eta^2 + 2\eta^2\lambda)(s - c_r)}{(1 + 2\eta)(2 + 2\eta + 3\lambda + 3\eta\lambda)} - \frac{(1 + \eta)^2(1 + 2\lambda)\xi}{k(1 + 2\eta)(2 + 2\eta + 3\lambda + 3\eta\lambda)}$$

从而，得到零售商效用最大化下的最优决策：

$$\bar{p}_n^* = \frac{3 + 3\eta + 5\lambda + 4\eta\lambda}{2(1 - \gamma^2)(2 + 2\eta + 3\lambda + 2\eta\lambda)}(\gamma\varphi_r + \varphi_n) + \frac{1 + \eta + \lambda}{2(2 + 2\eta + 3\lambda + 2\eta\lambda)}c_n$$

$$\bar{p}_r^* = \frac{3 + 3\eta + 5\lambda + 4\eta\lambda}{2(1 - \gamma^2)(2 + 2\eta + 3\lambda + 2\eta\lambda)}(\gamma\varphi_n + \varphi_r) + \frac{1 + \eta + \lambda}{2(2 + 2\eta + 3\lambda + 2\eta\lambda)}s$$

$$\bar{b}^* = \frac{1 + \eta + \lambda}{2(2 + 2\eta + 3\lambda + 2\eta\lambda)}(s - c_r) - \frac{3 + 3\eta + 5\lambda + 4\eta\lambda}{2k(2 + 2\eta + 3\lambda + 2\eta\lambda)}\xi$$

$$\bar{q}_n^* = \frac{(1 + \eta + \lambda)(\varphi_r + \gamma_s - c_n)}{2(2 + 2\eta + 3\lambda + 2\eta\lambda)},$$

$$\bar{q}_r^* = \frac{(1 + \eta + \lambda)(\varphi_n + \gamma c_n - s)}{2(2 + 2\eta + 3\lambda + 2\eta\lambda)},$$

$$\bar{g}^* = \frac{(1 + \eta + \lambda)[k(s - c_r) + \xi]}{2(2 + 2\eta + 3\lambda + 2\eta\lambda)}$$

制造商与零售商的最优利润以及闭环供应链系统的最优利润分别为：

$$\bar{\pi}_m^* = \frac{(1 + \eta)^2(1 + 2\lambda)(1 + \eta + \lambda)}{2k(1 - \gamma^2)(1 + 2\eta)(2 + 2\eta + 3\lambda + 2\eta\lambda)^2}A$$

$$\bar{\pi}_r^* = \frac{(1 + 5\eta + 4\eta^2 + \lambda + 6\eta\lambda + 4\eta^2\lambda)(1 + \eta + \lambda)}{4k(1 - \gamma^2)(1 + 2\eta)(2 + 2\eta + 3\lambda + 2\eta\lambda)^2}A$$

$$\bar{\pi}_m^* + \bar{\pi}_r^* = \frac{(3 + 3\eta + 5\lambda + 4\eta\lambda)(1 + \eta + \lambda)}{4k(1 - \gamma^2)(2 + 2\eta + 3\lambda + 2\eta\lambda)^2}A$$

制造商和零售商最大化效用分别为：

$$u_m(\pi) = \frac{(2 + 4\eta + 2\eta^2 + 5\lambda + 3\lambda^2 + 7\eta\lambda + 2\eta\lambda^2 + 2\eta^2\lambda)(1 + \eta + \lambda)}{4k(1 - \gamma^2)(1 + 2\eta)(2 + 2\eta + 3\lambda + 2\eta\lambda)^2}A$$

$$u_r(\pi) = \frac{(1 + 2\eta)(1 + \eta)(1 + \eta + \lambda)^2}{4k(1 - \gamma^2)(1 + 2\eta)(2 + 2\eta + 3\lambda + 2\eta\lambda)^2}A$$

当 $\lambda = 0$，$\eta = 0$ 时，与闭环供应链成员无关公平关切情形时的决策结果一致。

命题3.3 当制造商和零售商的公平关切系数 $\lambda > 0$，$\eta > 0$ 时，有以下关系成立：

$$\frac{\partial \bar{p}_n^*}{\partial \lambda} > 0, \quad \frac{\partial \bar{p}_r^*}{\partial \lambda} > 0, \quad \frac{\partial \bar{b}^*}{\partial \lambda} < 0, \quad \frac{\partial \bar{\omega}_n^*}{\partial \lambda} > 0, \quad \frac{\partial \bar{\omega}_r^*}{\partial \lambda} < 0, \quad \frac{\partial \bar{m}^*}{\partial \lambda} < 0,$$

$$\frac{\partial \bar{q}_n^*}{\partial \lambda} < 0, \quad \frac{\partial \bar{q}_r^*}{\partial \lambda} < 0, \quad \frac{\partial \bar{g}^*}{\partial \lambda} < 0, \quad \frac{\partial \bar{p}_n^*}{\partial \eta} > 0, \quad \frac{\partial \bar{p}_r^*}{\partial \eta} > 0, \quad \frac{\partial \bar{b}^*}{\partial \eta} < 0, \quad \frac{\partial \bar{\omega}_n^*}{\partial \eta} <$$

$$0, \quad \frac{\partial \bar{\omega}_r^*}{\partial \eta} < 0, \quad \frac{\partial \bar{m}^*}{\partial \eta} > 0, \quad \frac{\partial \bar{q}_n^*}{\partial \eta} < 0, \quad \frac{\partial \bar{q}_r^*}{\partial \eta} < 0, \quad \frac{\partial \bar{g}^*}{\partial \eta} < 0_\circ$$

证明： 由 $p_n > \omega_n > c_n > 0$ 可得 $\gamma\varphi_r + \varphi_n > (1 - \gamma^2)c_n$；由 $p_r > \omega_r > c_r > 0$ 得 $\gamma\varphi_n + \varphi_r > (1 - \gamma^2)s$；由 $m > b > 0$ 得 $k(s - c_r) + \xi > 0$；由 q_n，$q_r > 0$ 得 $\varphi_n + \gamma s - c_n > 0$，$\varphi_r + \gamma c_n - s > 0$，且 λ，$\eta \geq 0$，则上述各式化简得证。

命题3.3表明零售商新再制造产品销售价格、制造商新再制造产品批发价格均为制造商公平关切系数的增函数，零售商废旧产品回收价格、制造商废旧产品的回收转移价格、新再制造产品的销量以及废旧产品回收量均随制造商公平关切系数的增加而降低；零售商新再制造产品销售价格以及制造商废旧产品的回收转移价格均为零售商公平关切系数的增函数，零售商废旧产品回收价格、制造商新再制造产品批发价格、销量以及废旧产品回收量均随零售商公平关切系数的增加而减少。也即表明，制造商越关注自身的公平，则会提高其新产品与再制造产品的批发价格而降低从零售商处购买废旧产品的回收转移价格来获取渠道利益，此时，零售商会提高新再制造产品的销售价格、降低废旧产品的回收价格；零售商越关注自身的公平情况，其将会提高与制造商进行商讨价格的能力，则零售商的销售价格将会因制造商批发价格的降低而增加，废旧产品的回收价格将会因制造商回收转移价格的增加而降低，此时废旧产品的回收数量将会因此而减少，从环保角度来看，零售商公平关切程度越高，越不利于对废旧产品进行回收，从而不利于对废旧资源的循环再利用，也就是说，公平关切行为是零售商和制造商获取系统利润分配的一种手段。

推论 3.1　若制造商和零售商均公平关切，两者的利润将有以下关系成立：

$$\frac{\partial \bar{\pi}_m^*}{\partial \lambda} < 0, \quad \frac{\partial \bar{\pi}_r^*}{\partial \lambda} < 0; \quad \frac{\partial \bar{\pi}_m^*}{\partial \eta} < 0,$$

$$\frac{\partial \bar{\pi}_r^*}{\partial \eta} = \left[\frac{\begin{array}{c}4(1+\eta)^3 + (1-\lambda)(4+3\lambda) + \lambda(22\eta + 50\eta^2 + 68\eta^3 + 32\eta^4) \\ \lambda^2(32\eta^4 + 88\eta^3 + 60\eta^2 - 22\eta) + \lambda^3(16\eta^3 + 40\eta^2 - 40\eta)\end{array}}{4k(1-\gamma^2)(1+2\eta)^2(2+2\eta+3\lambda+2\eta\lambda)^3}\right] A;$$

$\lambda, \eta \geq 0$。

证明： 根据 $\bar{\pi}_m^* = \dfrac{(1+\eta)^2(1+2\lambda)(1+\eta+\lambda)}{2k(1-\gamma^2)(1+2\eta)(2+2\eta+3\lambda+2\eta\lambda)^2} A$，

$$\bar{\pi}_r^* = \frac{(1+5\eta+4\eta^2+\lambda+6\eta\lambda+4\eta^2\lambda)(1+\eta+\lambda)}{4k(1-\gamma^2)(1+2\eta)(2+2\eta+3\lambda+2\eta\lambda)^2} A,$$

分别对 λ，η 求一阶导函数可得上述结果。

推论 3.1 表明，在双方都公平关切情形下，制造商利润和零售商利润函数分别对制造商公平关切系数 λ 求偏导总是小于 0，制造商和零售商的利润（但其实可以看出 η 的值影响其利润变化的快慢程度）并不会直接受零售商公平关切系数 η 的影响，即无论零售商对公平是否关注，双方的利润总是随制造商公平关切程度增加而减少；同理无论制造商对公平关注与否，制造商利润总是随零售商公平关切程度的增加而减少；由上述式子可知，零售商利润与供应链双方的公平关切系数都有一定的联系。此推论可由第 6 节的数值仿真分析图直观得出。

推论 3.2　闭环供应链双方均具公平关切行为下，当 $0 < \eta \leq \dfrac{1}{2}$ 且 $\lambda \geq 0$ 时，$\bar{\pi}_m^* > \bar{\pi}_r^*$；当 $\eta > \dfrac{1}{2}$ 时，

$$\begin{cases} 若\ 0 < \lambda < \dfrac{(1+\eta)(2\eta-1)}{3+2\eta}, & 则有\ \bar{\pi}_m^* < \bar{\pi}_r^* \\[3mm] 若\ \lambda > \dfrac{(1+\eta)(2\eta-1)}{3+2\eta}, & 则有\ \bar{\pi}_m^* > \bar{\pi}_r^* \end{cases} 。$$

证明：根据制造商和零售商的效用函数 $u_m(\pi)$、$u_r(\pi)$ 以及 $\bar{\pi}_m^*$ 和 $\bar{\pi}_r^*$ 的函数，由

$$\bar{u}_m^*(\pi) - \bar{\pi}_m^* = \frac{\lambda[\lambda(3+2\eta) - (1+\eta)(2\eta-1)]}{4k(1-\gamma^2)(1+2\eta)(2+2\eta+3\lambda+2\eta\lambda)^2}A,$$

$$\bar{u}_r^*(\pi) - \bar{\pi}_r^* = \frac{\eta[(1+\eta)(2\eta-1) - \lambda(3+2\eta)](1+\eta+\lambda)}{4k(1-\gamma^2)(1+2\eta)(2+2\eta+3\lambda+2\eta\lambda)^2}A,$$

可知当 $0 < \eta < \dfrac{1}{2}$ 时和当 $\eta \geqslant \dfrac{1}{2}$，$0 < \lambda < \dfrac{(1+\eta)(2\eta-1)}{3+2\eta}$ 时，有 $u_m^*(\pi) <$

$\bar{\pi}_m^*$，$u_r^*(\pi) > \bar{\pi}_r^*$；当 $\eta \geqslant \dfrac{1}{2}$，$\lambda > \dfrac{(1+\eta)(2\eta-1)}{3+2\eta}$ 时，有 $u_m^*(\pi) >$

$\bar{\pi}_m^*$，$u_r^*(\pi) < \bar{\pi}_r^*$，则可得上述推论。

推论 3.2 表明，若制造商和零售商都公平关切，不管制造商公平关切程度怎么样，只要当零售商公平关切程度在较低的范围（$0 < \eta < \dfrac{1}{2}$），制造商利润总是大于零售商利润；而在 $\eta > \dfrac{1}{2}$ 时，制造商对公平的关注度将会影响到制造商与零售商两者的利润：当制造商公平关切程度 $0 < \lambda < \dfrac{(1+\eta)(2\eta-1)}{3+2\eta}$ 时，制造商的利润将小于零售商利润；当 $\lambda > \dfrac{(1+\eta)(2\eta-1)}{3+2\eta}$ 时，制造商的利润将大于零售商的利润，同时也可发现，制造商公平关切系数的范围会受零售商对自身公平关切程度的影响，零售商越关注公平，制造商公平关切系数的范围就越大。可见，供应链成员的公平关切影响他们各自的利润。根据

$$\bar{\pi}_m^* = \frac{(1+\eta)^2(1+2\lambda)(1+\eta+\lambda)}{2k(1-\gamma^2)(1+2\eta)(2+2\eta+3\lambda+2\eta\lambda)^2}A,$$

$$\bar{\pi}_r^* = \frac{(1+5\eta+4\eta^2+\lambda+6\eta\lambda+4\eta^2\lambda)(1+\eta+\lambda)}{4k(1-\gamma^2)(1+2\eta)(2+2\eta+3\lambda+2\eta\lambda)^2}A,$$

可验证上述推论的正确性：由推论 2 结论可知，当 $\eta \to 0^+$ 时，有

$$\bar{\pi}_m^* = \frac{2(1+2\lambda)(1+\lambda)}{4k(1-\gamma^2)(2+3\lambda)^2}A, \quad \bar{\pi}_r^* = \frac{(1+\lambda)^2}{4k(1-\gamma^2)(2+3\lambda)^2}A,$$

则 $\bar{\pi}_m^* > \bar{\pi}_r^*$，当 $\eta \to \dfrac{1}{2}$ 时，有 $\bar{\pi}_m^* = \dfrac{(9/2+9\lambda)(3/2+\lambda)}{8k(1-\gamma^2)(3+4\lambda)^2}A$，$\bar{\pi}_r^* =$

$\dfrac{(9/2+5\lambda)(3/2+\lambda)}{8k(1-\gamma^2)(3+4\lambda)^2}A$，则 $\bar{\pi}_m^* > \bar{\pi}_r^*$；当 $\eta > \dfrac{1}{2}$ 时，$\lambda \to 0^+$，有

$$\bar{\pi}_m^* = \frac{1+\eta}{8k(1-\gamma^2)(1+2\eta)}A, \quad \bar{\pi}_r^* = \frac{1+4\eta}{16k(1-\gamma^2)(1+2\eta)}A,$$

则 $\bar{\pi}_m^* < \bar{\pi}_r^*$，$\lambda \to +\infty$，有 $\bar{\pi}_m^* = \dfrac{4+8\eta+4\eta^2}{4k(1-\gamma^2)(1+2\eta)(3+2\eta)^2}A$，

$$\bar{\pi}_r^* = \frac{1+6\eta+4\eta^2}{4k(1-\gamma^2)(1+2\eta)(3+2\eta)^2}A,$$

则 $\bar{\pi}_m^* > \bar{\pi}_r^*$。与此同时，经过计算也可以看出在此情形下的闭环供应链系统最优利润总是低于闭环供应链成员公平中性情形下的系统最优利润。

3.4.1 仅制造商具公平关切行为情形下的结果分析

命题 3.4 当只有制造商公平关切时，有以下关系成立：

关系 1：$\dfrac{\partial \bar{p}_n^{m*}}{\partial \lambda} > 0$，$\dfrac{\partial \bar{p}_r^{m*}}{\partial \lambda} > 0$，$\dfrac{\partial \bar{b}^{m*}}{\partial \lambda} < 0$，$\dfrac{\partial \bar{q}_n^{m*}}{\partial \lambda} < 0$，$\dfrac{\partial \bar{q}_r^{m*}}{\partial \lambda} < 0$，

$\dfrac{\partial \bar{g}^{m*}}{\partial \lambda} < 0$，$\dfrac{\partial \bar{\omega}_n^{m*}}{\partial \lambda} > 0$，$\dfrac{\partial \bar{\omega}_r^{m*}}{\partial \lambda} > 0$，$\dfrac{\partial \bar{m}^{m*}}{\partial \lambda} < 0$，$\dfrac{\partial \bar{m}_m^{m*}}{\partial \lambda} < 0$，$\dfrac{\partial \bar{m}_r^{m*}}{\partial \lambda} < 0$，

$$\bar{\pi}_r^{m*} + \bar{\pi}_r^{m*} < \frac{3}{16k(1-\gamma^2)}A。$$

关系 2：仅制造商具公平关切行为时，总有 $\bar{u}_m^{m*}(\pi) > \bar{\pi}_m^{m*}$，即 $\bar{\pi}_m^{m*} > \bar{\pi}_r^{m*}$。

证明：根据命题 3.3 的证明可知 $\gamma\varphi_r + \varphi_n - (1-\gamma^2)c_n > 0$，$\gamma\varphi_n + \varphi_r - (1-\gamma^2)s > 0$，$k(s-c_r) + \xi > 0$，$\varphi_n + \gamma s - c_n > 0$，$\varphi_r + \gamma c_n - s > 0$，且

$$\bar{\pi}_m^{m*} = \frac{2(1+2\lambda)(1+\lambda)}{4k(1-\gamma^2)(2+3\eta)^2}A, \quad \bar{\pi}_r^{m*} = \frac{(1+\lambda)^2}{4k(1-\gamma^2)(2+3\eta)^2}A, \quad \bar{\pi}_m^{m*} + \bar{\pi}_r^{m*} =$$

$\dfrac{(3+5\lambda)(1+\lambda)}{4k(1-\gamma^2)(2+3\lambda)^2}A$，上述关系 1 得证；根据制造商的效用函数 $u_m(\pi) = \pi_m - \lambda(\pi_r - \pi_m)$，$\lambda(\pi_r - \pi_m)$ 表示渠道公平效用，再由 $\bar{u}_m^{m*}(\pi) - \bar{\pi}_m^{m*} = \dfrac{\lambda(1+\lambda)(1+3\lambda)}{4k(1-\gamma^2)(2+3\lambda)^2}A > 0$，上述关系 2 得证。

由命题 3.4 可知，当只有制造商公平关切时，零售商新再制造产品销售价格、批发价格是制造商公平关切系数的增函数；新再制造产品的销量、废旧产品回收量、回收价格、回收转移价格，制造商与零售商利润均随制造商公平关切系数的增加而减少，因为制造商越关注公平，其将会通过提高新再制造产品批发价以及降低废旧产品回收转移价格来获取利润，而此时，零售商也必将提高产品的销售价格以及降低废旧产品的回收价格来维护自己的利益，但提高销售价格必将使产品的销量减少，使得零售商利润下降，需求量减少，也必将影响到制造商产品生产量，使生产量减少，则制造商利润也会有所下降。这表明制造商越关注自身的公平，对自身以及对零售商来说都是不利的，并且制造商自身利润下降得比零售商利润还要快。因此，闭环供应链的系统利润会因制造商的公平关切而减少。

无论制造商对自身公平是否关注，制造商的利润总是大于零售商的利润。根据 $\bar{\pi}_m^{m*} = \dfrac{2(1+2\lambda)(1+\lambda)}{4k(1-\gamma^2)(2+3\lambda)^2}A$，$\bar{\pi}_r^{m*} = \dfrac{(1+\lambda)^2}{4k(1-\gamma^2)(2+3\lambda)^2}A$，可以验证以上结论的正确性：由命题 3.4 的结论可知，当 $\lambda \to 0$ 时

$$\bar{\pi}_m^{m*} = \dfrac{1}{8k(1-\gamma^2)}A,\quad \bar{\pi}_r^{r*} = \dfrac{1}{16k(1-\gamma^2)}A,$$

制造商利润大于零售商利润且两者均为最大利润；当 $\lambda \to \infty$ 时，$\bar{\pi}_m^{m*} = \dfrac{1}{9k(1-\gamma^2)}A$，$\bar{\pi}_r^{m*} = \dfrac{1}{36k(1-\gamma^2)}A$，制造商利润仍大于零售商利润且两者均为最小利润。由此也可以验证闭环供应链的系统最优利润总是低于制造商和零售商均公平中性情形下的系统最优利润。

3.4.2　仅零售商具公平关切行为情形下的结果分析

命题 3.5　当只有零售商具公平关切行为即制造商公平关切系数 $\lambda = 0$

时，有以下关系成立：

$$\frac{\partial \bar{p}_n^{r*}}{\partial \eta} = 0, \quad \frac{\partial \bar{p}_r^{r*}}{\partial \eta} = 0, \quad \frac{\partial \bar{b}^{r*}}{\partial \eta} = 0; \quad \frac{\partial \bar{q}_n^{r*}}{\partial \eta} = 0, \quad \frac{\partial \bar{q}_r^{r*}}{\partial \eta} = 0, \quad \frac{\partial \bar{g}^{r*}}{\partial \eta} = 0;$$

$$\frac{\partial \bar{\omega}_n^{r*}}{\partial \eta} < 0, \quad \frac{\partial \bar{\omega}_r^{r*}}{\partial \eta} < 0, \quad \frac{\partial \bar{m}^{r*}}{\partial \eta} > 0; \quad \frac{\partial \bar{\pi}_m^{r*}}{\partial \eta} < 0, \quad \frac{\partial \bar{\pi}_r^{r*}}{\partial \eta} > 0;$$

$$\bar{\pi}_m^{r*} = \frac{1+\eta}{8k(1-\gamma^2)(1+2\eta)}A, \quad \bar{\pi}_r^{r*} = \frac{1+4\eta}{16k(1-\gamma^2)(1+2\eta)}A,$$

$$\bar{\pi}_m^{r*} + \bar{\pi}_r^{r*} = \frac{3}{16k(1-\gamma^2)}A。$$

命题 3.5 表明只有零售商公平关切时，零售商新再制造产品的销售价格及废旧产品的回收价及产品销量都不受零售商公平关切行为的影响；而制造商新再制造产品的批发价格以及制造商利润都是零售商公平关切系数的减函数，产品回收转移价格以及零售商利润都是零售商公平关切系数的增函数，即零售商公平关切对制造商来说是不好的，而对零售商来说则是好的。这是因为零售商的公平关切行为提高了其与制造商进行商讨价格的能力，其降低了新产品与再制造产品的批发价格，同时提高了卖给制造商废旧产品的转移价格，以此来增加其利润，因产品批发价格降低制造商的利润减少。由此也发现，零售商的公关切程度并不影响闭环供应链系统的最优利润。

推论 3.3 仅零售商公平关切时，当 $0 < \eta < \frac{1}{2}$ 时，有 $\bar{u}_r^{r*}(\pi) < \bar{\pi}_r^{r*}$，即 $\bar{\pi}_m^{r*} > \bar{\pi}_r^{r*}$；当 $\eta > \frac{1}{2}$ 时，有 $\bar{u}_r^{r*}(\pi) > \bar{\pi}_r^{r*}$，即 $\bar{\pi}_m^{r*} < \bar{\pi}_r^{r*}$；当 $\eta > \frac{1}{2}$ 时，有 $\bar{u}_r^{r*}(\pi) = \bar{\pi}_r^{r*}$，即 $\bar{\pi}_m^{r*} = \bar{\pi}_r^{r*}$。

证明：根据零售商的效用函数 $u_r(\pi) = \pi_r - \eta(\pi_m - \pi_r)$，其中 $\eta(\pi_m - \pi_r)$ 表示渠道公平效用，再由 $\bar{u}_r^{r*}(\pi) - \bar{\pi}_r^{r*} = \frac{\eta(2\eta-1)}{16k(1-\gamma^2)(1+2\eta)}A$ 可得推论 3 成立。

推论 3.3 表明，制造商和零售商的利润在 $\eta = \frac{1}{2}$ 时相等，这是因为零售商在考虑自身公平关切的同时也考虑到了制造商的感受，故表现出适中的公平关注；零售商公平关切程度在范围 $0 < \eta < \frac{1}{2}$ 时，可以说零售商维持了较低

的公平关切程度，此时零售商的效用低于它的利润，公平效用为正，即制造商利润高于零售商利润；零售商公平关切程度在 $\eta > \dfrac{1}{2}$ 时，此时零售商的效用大于它的利润，公平效用为负，即零售商利润高于制造商利润。根据 $\bar{\pi}_m^{r*} = \dfrac{1+\eta}{8k(1-\gamma^2)(1+2\eta)}A$，$\bar{\pi}_r^{r*} = \dfrac{1+4\eta}{16k(1-\gamma^2)(1+2\eta)}A$，可以验证以上推论的正确性：由命题 5 的结论可知，当 $\eta \to 0$ 时，$\bar{\pi}_m^{r*} = \dfrac{1}{8k(1-\gamma^2)}A$，$\bar{\pi}_r^{r*} = \dfrac{1}{16k(1-\gamma^2)}A$，制造商此时达到最大利润，而零售商利润最小；当 $\eta \to \infty$ 时，$\bar{\pi}_m^{r*} = \dfrac{1}{16k(1-\gamma^2)}A$，$\bar{\pi}_r^{r*} = \dfrac{1}{8k(1-\gamma^2)}A$，制造商在此时利润最小，零售商利润最大。由上文可知，零售商的公平关切在闭环供应链决策中起着重要作用。

3.5　比较分析

命题3.6　通过比较供应链成员公平中性、制造商公平关切情形及零售商公平关切情形，有以下关系成立：① $\bar{p}_n^{m*} > \bar{p}_n^{r*} = p_n^{d*}$，$\bar{p}_r^{m*} > \bar{p}_r^{r*} = p_r^{d*}$，$\bar{b}^{m*} < \bar{b}^{r*} = b^{d*}$；$\bar{q}_n^{m*} < \bar{q}_n^{r*} = q_n^{d*}$，$\bar{q}_r^{m*} < \bar{q}_r^{r*} = q_r^{d*}$，$\bar{g}^{m*} < \bar{g}^{r*} = g^{d*}$；② $\bar{\omega}_n^{m*} > \bar{\omega}_n^{d*} > \bar{\omega}_n^{r*}$，$\bar{\omega}_r^{m*} > \omega_r^{d*} > \bar{\omega}_r^{r*}$，$\bar{m}^{m*} < m^{d*} < \bar{m}^{r*}$；③ $\pi_m^{d*} > \bar{\pi}_m^{m*} > \bar{\pi}_m^{r*}$，$\bar{\pi}_r^{m*} < \pi_r^{d*} < \bar{\pi}_r^{r*}$，$\bar{\pi}_s^{c*} > \bar{\pi}_m^{d*} + \bar{\pi}_r^{d*} = \bar{\pi}_m^{r*} + \bar{\pi}_r^{r*} > \bar{\pi}_m^{m*} + \bar{\pi}_r^{m*}$

证明： 由命题3.4和命题3.5的结论知 $\dfrac{\partial \bar{p}_n^{m*}}{\partial \lambda} > 0$，$\dfrac{\partial \bar{p}_n^{r*}}{\partial \lambda} = 0$，由 $\bar{p}_n^{m*}$ 是关于 λ 的递增函数可以得出 $\bar{p}_n^{m*} > \bar{p}_n^{r*} = p_n^{d*}$，同理可以得出 $\bar{p}_r^{m*} > \bar{p}_r^{r*} = p_r^{d*}$，$\bar{b}^{m*} < \bar{b}^{r*} = b^{d*}$；由 $\dfrac{\partial \bar{q}_n^{m*}}{\partial \lambda} < 0$，$\dfrac{\partial \bar{q}_n^{r*}}{\partial \eta} = 0$ 可知 $\bar{q}_n^{m*}$ 是关于 λ 的递减函数，得出 $\bar{q}_n^{m*} < \bar{q}_n^{r*} = q_n^{d*}$，同理可证 $\bar{q}_r^{m*} < \bar{q}_r^{r*} = q_r^{d*}$，$\bar{g}^{m*} < \bar{g}^{r*} = g^{d*}$；由

$\dfrac{\partial \bar{\omega}_n^{m*}}{\partial \lambda} > 0$，$\dfrac{\partial \bar{\omega}_n^{r*}}{\partial \eta} < 0$ 可知 $\bar{\omega}_n^{m*}$ 是关于 λ 的递增函数，$\bar{\omega}_n^{r*}$ 是关于 η 的递减函数，得出 $\tilde{\omega}_n^{m*} > \omega_n^{d*} > \bar{\omega}_n^{r*}$，同理可证 $\bar{\omega}_r^{m*} > \omega_r^{d*} > \bar{\omega}_r^{r*}$，$\bar{m}^{m*} < m^{d*} < \bar{m}^{r*}$ 以及 $\bar{\pi}_r^{m*} < \pi_r^{d*} < \bar{\pi}_r^{r*}$；由 $\dfrac{\partial \bar{\pi}_m^{m*}}{\partial \lambda} < 0$，$\dfrac{\partial \bar{\pi}_m^{r*}}{\partial \eta} < 0$，且 $\dfrac{\bar{\pi}_m^{m*}}{\bar{\pi}_m^{r*}} > 1$ 可证得 $\pi_m^{d*} > \bar{\pi}_m^{m*} > \bar{\pi}_m^{r*}$；结合命题 3.2、命题 3.4、命题 3.5 以及推论 3.1、推论 3.2 可得 $\pi_s^{c*} > \pi_m^{d*} + \pi_r^{d*} = \bar{\pi}_m^{r*} + \bar{\pi}_r^{r*} > \bar{\pi}_m^{m*} + \bar{\pi}_r^{m*}$。

根据命题 3.6 知，新产品、再制造产品销售价格与销售量、废旧产品回收价格与回收量、系统利润在供应链成员公平中性与仅零售商具公平关切情形时相等，说明零售商的公平关切并不会影响系统的整体利润，而只是影响制造商与零售商的利润分配；由以上关系也可看出，仅制造商公平关切时的供应链新产品、再制造产品销售价格大于公平中性（也大于仅零售商公平关切）时的情形，废旧产品回收价格、回收数量、新产品和再制造产品销量、闭环供应链系统利润小于闭环供应链成员公平中性（也小于仅零售商具公平关切行为）时的情形，且制造商与零售商利润均小于供应链成员公平中性的时候，说明制造商的公平关切不仅影响供应链双方的利润，还影响系统的利润。另一方面，供应链成员不论公平中性还是公平关切，系统利润总是低于集中决策下的整体利润，由于制造商和零售商均公平关切时决策因子的不确定性，因此本章将采取一定的协调机制对仅制造商公平关切和仅零售商公平关切两种情形进行协调。

3.6　收益共享契约协调公平关切情形下的闭环供应链

针对供应链契约与协调的研究，大多假定制造商和零售商只追求自身利益最大化，但实际上，供应链成员在交易过程中不仅追求利益最大化，还会关注收益分配是不是公平。而当决策者表现为公平关切行为时，将会产生各种利益争夺以提高各自利润，但不利于供应链的协调发展，因此，采用一定的契约机制来协调很有必要。

假设收益共享契约的接收方与提供方分别是制造商和零售商，并且制造商能够满足零售商的所有订货，设零售商销售收入的一部分可由制造商所得为 $\beta(0 < \beta < 1)$，该契约下，制造商和零售商的利润分别为：

$$\max_{\omega_n, \, \omega_r, \, m} \pi_m^{sc} = (\omega_n - c_n)q_n + (\omega_r - s)q_r + (s - m - c_r)g + \beta(p_n q_n + p_r q_r)$$

$$\text{s. t.} \max_{p_n, \, p_r, \, b} \pi_r^{sc} = (1 - \beta)(p_n q_n + p_r q_r) - \omega_n q_n - \omega_r q_r + (m - b)g$$

当 $\pi_m^{sc*} + \pi_r^{sc*} = \pi_s^{c*}$，即协调后制造商与零售商利润之和与集中决策下的整体利润相等时，说明该契约能协调该供应链。

由 $\pi_m^{sc*} + \pi_r^{sc*} = \pi_s^{c*}$ 知 $\pi_m^{sc*} = \pi_m^{c*} + \beta\pi_r^{t*}$，$\pi_r^{sc*} = \pi_r^{c*} - \beta\pi_r^{t*}$，其中 $\pi_r^{t*} = p_n^{c*} q_n^{c*} + p_r^{c*} q_r^{c*}$ 表示在收益共享契约协调机制下零售商的销售收入。而

$$\pi_m^{c*} = (\omega_n^{sc*} - c_n)q_n^{sc*} + (\omega_r^{sc*} - s)q_r^{sc*} + (s - c_r - m^{sc*})g^{sc*}$$

$$\pi_r^{c*} = (p_n^{sc*} - \omega_n^{sc*})q_n^{sc*} + (p_r^{sc*} - \omega_r^{sc*})q_r^{sc*} + (m^{sc*} - b^{sc*})g^{sc*}$$

仅当制造商具公平关切行为时，契约协调下制造商公平关切的效用函数为 $u_m^{sc}(\pi) = (1 + \lambda)\pi_m^{sc} - \lambda\pi_r^{sc}$，为保持契约协调的有效性，需满足：$u_m^{sc*}(\pi) \geqslant u_m^{m*}(\pi) = (1 + \lambda)\bar{\pi}_m^{m*} - \lambda\bar{\pi}_r^{m*}$，$\pi_r^{sc*} \geqslant \bar{\pi}_r^{m*}$。

仅当零售商具公平关切行为时，契约协调下零售商公平关切的效用函数为 $u_r^{sc}(\pi) = (1 + \eta)\pi_r^{sc} - \eta\pi_m^{sc}$，为保持契约协调有效性，需满足以下条件：$u_r^{sc*}(\pi) \geqslant u_r^{r*}(\pi) = (1 + \eta)\bar{\pi}_m^{r*} - \eta\bar{\pi}_m^{r*}$，$\pi_m^{sc*} \geqslant \bar{\pi}_m^{r*}$。

命题3.7　当 β 满足 $\dfrac{(1 + 2\lambda)A}{2k(2 + 3\lambda)B} \leqslant \beta \leqslant \dfrac{(1 + 2\lambda)(3 + 4\lambda)A}{k(2 + 3\lambda)^2 B}$ 时，表明该收益共享契约可协调制造商公平关切下的供应链；当 β 满足 $\dfrac{(1 + \eta)A}{2k(1 + 2\eta)B} \leqslant \beta$

$\leqslant \dfrac{3(1 + \eta)A}{4k(1 + 2\eta)B}$ 时，表明该收益共享契约可协调零售商公平关切下的供应

链，此时契约协调下的最优定价与生产决策均为 $p_n^{sc*} = \dfrac{\gamma\varphi_r + \varphi_n}{2(1 - \gamma^2)} + \dfrac{c_n}{2}$，$p_r^{sc*} =$

$\dfrac{\gamma\varphi_n + \varphi_r}{2(1 - \gamma^2)} + \dfrac{s}{2}$，$b^{sc*} = \dfrac{k(s - c_r) - \xi}{2k}$，$q_n^{sc*} = \dfrac{\varphi_n + \gamma s - c_n}{2}$，$q_r^{sc*} = \dfrac{\varphi_r + \gamma c_n - s}{2}$，

$g^{sc*} = \dfrac{k(s - c_r) + \xi}{2}$；$\omega_n^{sc*} = c_n$，$\omega_r^{sc*} = s$，$m^{sc*} = s - c_r$，$\pi_m^{sc*} = \dfrac{\beta}{4(1 - \gamma^2)}B$，

$\pi_r^{sc*} = \dfrac{A - \beta kB}{4k(1 - \gamma^2)}$。

证明： 根据 $\bar{\pi}_m^{r*} = \dfrac{1+\eta}{8k(1-\gamma^2)(1+2\eta)}A$，再由 $p_n^{sc*} = p_n^{c*}$，$p_r^{sc*} = p_r^{c*}$，b^{sc*} $= b^{c*}$ 代入新产品与再制造产品需求函数以及回收量函数可求得 q_n^{sc*}，q_r^{sc*}，$g^{sc*} = \dfrac{k(s-c_r)+\xi}{2}$；同时可得 ω_n^{sc*}，ω_r^{sc*}，m^{sc*} 的值。则 $\pi_m^{c*} = 0$，$\pi_r^{t*} =$ $\dfrac{1}{4(1-\gamma^2)}B$，其中 $B = [\gamma\varphi_r + \varphi_n + (1-\gamma^2)c_n](\varphi_n + \gamma s - c_n) + [\gamma\varphi_n + \varphi_r +$ $(1-\gamma^2)s](\varphi_r + \gamma c_n - s)$，$\pi_r^{c*} = \dfrac{1}{4k(1-\gamma^2)}A$，代入上述条件可求得 β 的范围。

由命题 3.7 可知收益共享契约参数 β 与制造商和零售商公平关切系数 λ、η 紧密相关，根据 $\dfrac{(1+2\lambda)A}{2k(2+3\lambda)B} \leqslant \beta \leqslant \dfrac{(1+2\lambda)(3+4\lambda)A}{k(2+3\lambda)^2 B}$ 可知，当制造商公平关切系数 λ 逐渐增加时，收益共享契约参数 β 上下界也逐渐增大，也即收益共享契约参数的范围随制造商公平关切系数的增加而逐渐扩大，说明制造商越关注公平，两者的契约协调就越容易；同理，根据 $\dfrac{(1+\eta)A}{2k(1+2\eta)B} \leqslant \beta \leqslant$ $\dfrac{3(1+\eta)A}{4k(1+2\eta)B}$，当零售商公平关切系数 η 增加时，β 的上下界逐渐减小，即收益共享契约参数的范围随零售商公平关切程度的提高而逐渐缩小，由此说明若零售商对公平越关注，其契约可协调的范围就越小，进而制造商和零售商的协调就越困难。

3.7 数值仿真分析

为验证上述结论，本章将通过数值分析公平关切在闭环供应链中的影响。根据前文模型假设，本章取 $\varphi_n = 25$，$\varphi_r = 15$，$c_n = 27$，$c_r = 16$，$\gamma = 0.75$，$s = 26$，$k = 0.75$，$\xi = 2$。根据以上赋值，有以下三部分：制造商公平关切对产品价格、销售量、利润以及回收产品价格、数量的影响；零售商公平关切对产品价格、销售量、利润以及回收产品价格、数量的影响；制造商和零售商均公平关切对制造商和零售商以及供应链系统利润的影响。

（1）制造商公平关切行为对闭环供应链决策的影响。

当仅制造商公平关切时,闭环供应链各方决策均呈现出不同的变化(如图 3.1 至图 3.3 所示)。

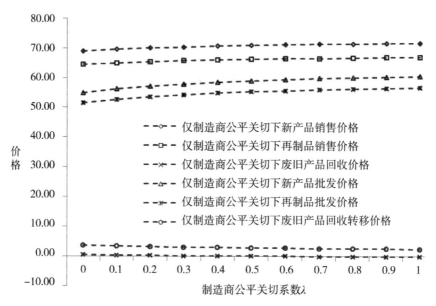

图 3.1 制造商公平关切系数对新产品、再制造产品、回收产品价格的影响

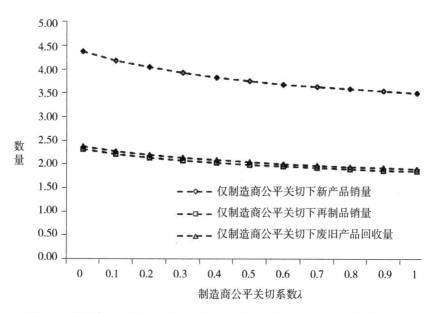

图 3.2 制造商公平关切系数对新产品、再制造产品、回收产品数量的影响

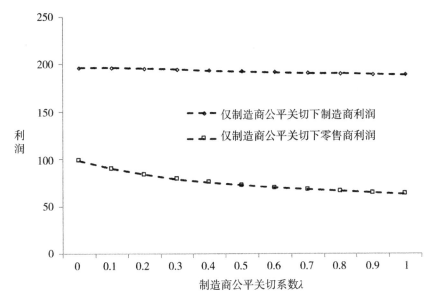

图 3.3 制造商公平关切系数对制造商、零售商利润的影响

由图 3.1、图 3.2、图 3.3 可知：仅制造商公平关切下，产品价格、批发价随制造商公平关切程度的增加而增加，使废旧产品回收价格、回收转移价格、回收数量以及产品销量、供应链双方利润均减少，制造商和零售商利润的减少将导致供应链整体的利润下降，还可看出制造商公平关切程度增加时，零售商利润下降的幅度比制造商快，新产品数量减少的幅度比再制造产品和回收产品的数量的幅度更大。

（2）零售商公平关切行为对闭环供应链决策的影响。

当仅零售商公平关切时，闭环供应链各方某些决策不变，某些决策又会呈现出不同的变化（如图 3.4 至图 3.6 所示）。

由图 3.4、图 3.5、图 3.6 可知：仅零售商公平关切情形下，产品售价、销量以及旧产品回收价、回收量均与零售商的公平关切无关，而产品的批发价格、回收转移价格、供应链双方的利润则会因零售商公平关切程度的高低而相应改变，表现为零售商公平关切程度增加时，批发价降低、回收转移价增加、制造商利润减少、零售商利润增加，当制造商的利润趋势下降与零售商的利润趋势上升到 $\eta = \frac{1}{2}$ 时，双方利润相等，即零售商因为考虑到了制造商的利益而保持了相对适中的公平关切程度。

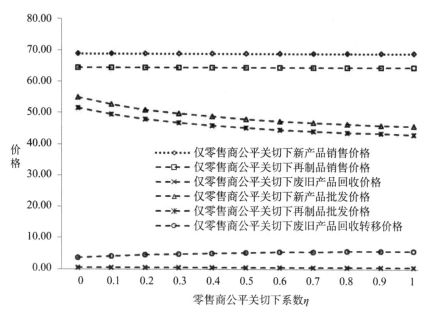

图 3.4　零售商公平关切系数对新产品、再制造产品、回收产品价格的影响

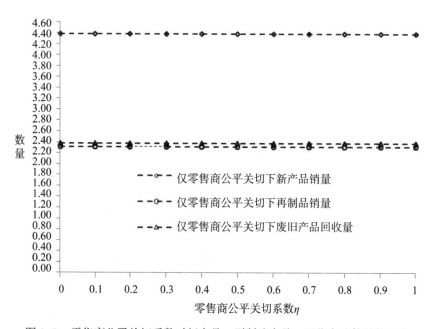

图 3.5　零售商公平关切系数对新产品、再制造产品、回收产品数量的影响

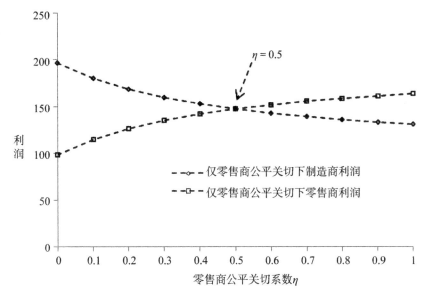

图 3.6 零售商公平关切系数对制造商、零售商利润的影响

（3）闭环供应链双方均具公平关切行为对利润的影响。

下文将对制造商和零售商均公平关切下的利润进行数值分析，如表3.1、表3.2、图3.7、图3.8、图3.9所示。

由表3.1、表3.2对比可知，当零售商的公平关切程度在 $0 < \eta \leqslant \frac{1}{2}$ 时，制造商利润总是高于零售商利润；但超过 $\frac{1}{2}$ 时却不一定。经过计算知当 $\eta =$ 0.6，0.7，0.8，0.9，1.0 时均满足推论3.2的结论：

$$\begin{cases} 若\ 0 < \lambda < \dfrac{(1 + \eta)(2\eta - 1)}{3 + 2\eta}, & 则有\ \bar{\pi}_m^* < \bar{\pi}_r^* \\[3mm] 若\ \lambda > \dfrac{(1 + \eta)(2\eta - 1)}{3 + 2\eta}, & 则有\ \bar{\pi}_m^* > \bar{\pi}_r^* \end{cases}$$

由此，以上分析也证实了推论3.2的正确性。

由图3.7可知：当闭环供应链双方均公平关切时，制造商利润是其自身及零售商公平关切系数的共同减函数，这表明渠道成员均公平关切时，会对制

表 3.1　不同公平关切程度下制造商的利润变化

$\bar{\pi}^*_m$ \ λ	0	0.1	0.2	0.3	0.4	0.5	0.6	0.7	0.8	0.9	1
0	196.3631	195.9919	195.2012	194.2617	193.2949	192.3557	191.4676	190.6392	189.8718	189.1628	188.5086
0.1	179.9995	179.5913	178.7140	177.6633	176.5750	175.5120	174.5023	173.5569	172.6780	171.8639	171.1106
0.2	168.3112	167.8718	166.9202	165.7728	164.5777	163.4051	162.2869	161.2365	160.2573	159.3479	158.5024
0.3	159.5450	159.0789	158.0628	156.8306	155.5411	154.2708	153.0555	151.9105	150.8406	149.8448	148.9197
0.4	152.7269	152.2375	151.1651	149.8580	148.4844	147.1266	145.8239	144.5935	143.4412	142.3667	141.3670
0.5	147.2723	146.7627	145.6405	144.2668	142.8180	141.3814	139.9996	138.6917	137.4644	136.3182	135.2501
0.6	142.8095	142.2821	141.1156	139.6822	138.1656	136.6579	135.2043	133.8257	132.5300	131.3180	130.1872
0.7	139.0905	138.5472	137.3411	135.8540	134.2761	132.7037	131.1847	129.7415	128.3830	127.1107	125.9222
0.8	135.9437	135.3862	134.1444	132.6087	130.9752	129.3437	127.7648	126.2624	124.8462	123.5183	122.2765
0.9	133.2464	132.6761	131.4021	129.8222	128.1378	126.4523	124.8185	123.2615	121.7922	120.4129	119.1218
1	130.9087	130.3269	129.0236	127.4034	125.6724	123.9373	122.2527	120.6455	119.1269	117.7001	116.3633

表3.2 不同公平关切程度下零售商的利润变化

$\bar{\pi}_r^*$ \ λ	0	0.1	0.2	0.3	0.4	0.5	0.6	0.7	0.8	0.9	1
0	98.1815	89.8296	83.6577	78.9188	75.1702	72.1334	69.6246	67.5181	65.7248	64.1802	62.8362
0.1	114.5451	105.3800	98.5354	93.2365	89.0172	85.5802	82.7280	80.3238	78.2705	76.4967	74.9493
0.2	126.2334	116.3834	108.9618	103.1763	98.5435	94.7522	91.5938	88.9227	86.6348	84.6536	82.9215
0.3	134.9996	124.5647	116.6431	110.4310	105.4326	101.3258	97.8930	94.9815	92.4817	90.3122	88.4119
0.4	141.8178	130.8777	122.5186	115.9297	110.6058	106.2164	102.5367	99.4080	96.7158	94.3750	92.3213
0.5	147.2723	135.8914	127.1465	120.2223	114.6070	109.9633	106.0603	102.7346	99.8673	97.3701	95.1760
0.6	151.7351	139.9663	130.8784	123.6542	117.7766	112.9029	108.7972	105.2919	102.2647	99.6244	97.3014
0.7	155.4541	143.3412	133.9466	126.4523	120.3374	115.2548	110.9643	107.2949	104.1211	101.3493	98.9077
0.8	158.6010	146.1808	136.5103	128.7717	122.4411	116.3775	112.7083	108.8883	105.5798	102.6869	100.1359
0.9	161.2983	148.6021	138.6820	130.7213	124.1939	118.7461	114.1314	110.1728	106.7401	103.7352	101.0831
1	163.6359	150.6905	140.5436	132.3801	125.6724	120.0642	115.3065	111.2201	107.6724	104.5639	101.8179

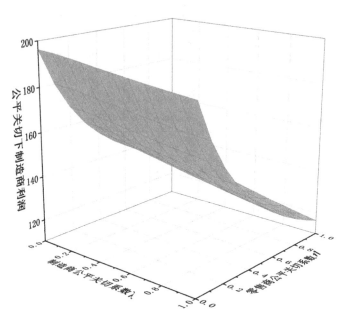

图 3.7　闭环供应链成员公平关切下制造商利润变化趋势

造商不利，这是因为当零售商表现为公平关切时，其对市场的控制能力较强，制造商需要降低新再制造产品的批发价格、提高废旧产品的回收转移价格；而当制造商也公平关切时，制造商又将会提高新产品与再制造产品的批发价格、降低废旧产品的回收转移价格，最终导致系统产品的销量与回收量均减少，整个供应链利润减少。所以就算是制造商在系统中获得的利润份额增加了，但其利润还是会呈现出一种递减的趋势。

　　从管理角度来看，制造商只有减少自身的公平关切行为甚至表现为公平中性时，对自身才有利。

　　由图 3.8 可知：当闭环供应链双方均公平关切时，零售商利润是制造商公平关切系数的减函数，是其自身公平关切系数的增函数，这表明当渠道成员均公平关切时，零售商公平关切程度的增加会提高其对于系统利润的分配比例，这是因为当零售商公平关切时，零售商对市场的控制能力较大，零售商将会提高新再制造产品的售价、降低废旧产品的回收价格来增加自身的收益。而当制造商也公平关切时，制造商又将会提高新再制造产品的批发价格、降低废旧产品回收转移价格以保证自身利益，此时零售商也将提高新再制造产品的销售价格、降低废旧产品的回收价格，但这会使得系统销售量与回收量减少，闭环供应链系统的利润减少。

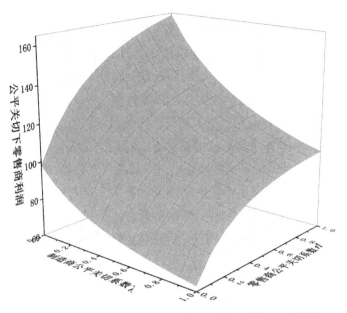

图 3.8 闭环供应链成员公平关切下零售商利润变化趋势

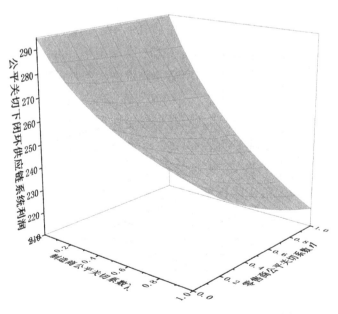

图 3.9 公平关切下闭环供应链系统利润变化趋势

因此，从管理角度来看，当制造商公平关切时，虽然零售商提高自身公平关切程度能够增加在供应链系统中的利润分配比例，但从系统整体来看，其是不利于整体利润的。

由图 3.7、图 3.8 的分析验证了推论 3.1 的正确性。

由图 3.9 可知：① 供应链系统利润在仅制造商具公平关切情形时随制造商公平关切程度的增加而逐渐减少，在仅零售商公平关切时与公平中性时一致。② 当制造商和零售商均公平关切时，闭环供应链系统利润则呈现出的变化为：当制造商、零售商公平关切程度增加时，供应链的系统利润将减少，并且双方均公平关切时的系统利润总小于仅制造商公平关切时的系统利润。

从管理角度来看，无论零售商是否公平关切，只有制造商减少公平关切甚至公平中性时，对系统才有利；当制造商公平关切时，零售商也只有减少其自身公平关切甚至为公平中性时，才会降低系统利润的损失。

3.8　本 章 小 结

本章以差别定价的闭环供应链为研究对象，对比分析了供应链成员在不同公平关切情形下的最优决策变化，并采取了一定的契约机制来协调该供应链。研究发现：① 在仅制造商具公平关切行为情形下，再制造产品价格为制造商公平关切系数的增函数，废旧产品回收价格、回收量以及再制造产品销量为其减函数。② 在仅零售商公平关切下，再制造产品价格、销量、废旧产品回收价格、回收量及系统整体利润并不会受到它的影响，表明此情形下的公平关切行为只是系统内部利润的分配。③ 供应链双方均公平关切时，再制造产品价格分别为制造商、零售商公平关切系数的增函数；再制造产品销量、废旧产品回收价格、回收量均为制造商、零售商公平关切系数的减函数；闭环供应链双方的公平关切最终会使整个系统的利润减少。④ 收益共享契约协调后的再制造产品价格、销量、废旧产品回收价格、回收量均不受公平关切系数的影响，与集中化决策时结果保持一致；而契约参数 β 在满足某些特定条件时可分别协调两种情形下的闭环供应链，制造商公平关切程度的增加会使契约协调仅制造商公平关切下的供应链更容易，而零售商公平关切程度的增加则会加大契约协调仅零售商公平关切下的供应链的难度。

　　对于制造商而言，应具有合作共赢的理念与意识，致力于长足发展；否则，将会导致自身利润的减少，反而使自身利益受损。当零售商公平关切时，制造商在知道零售商公平关切时，应该将零售商的这种行为倾向纳入自身的定价策略中，以保证两者均为公平中性时的渠道效率与系统利润实现双赢的状态；如果制造商凭借自身的主导地位而攫取零售商本身应得的收益，只会导致系统的利润减少，最终会不可避免地危及自身。

　　本章只涉及仅制造商、仅零售商具公平关切时的协调策略，并未考虑双方均公平关切，并且本章是在信息完全对称情形下研究的，今后可以研究信息不对称的情形；最后，本章只研究了由单一制造商主导的闭环供应链决策问题，今后可研究涉及第三方或再制造商组成的闭环供应链相关问题。

第4章　公平关切下考虑成本分担的闭环供应链回收与定价决策

4.1　引　言

随着人们生活水平的提高和对产品需求的日渐丰富，产品更新迭代的速度越来越快，大量产品在未到其使用期限时就被更新替代了，这种情况导致了还具有使用价值的废旧产品批量存在。就环境而言，废弃产品的外包装在焚烧销毁时产生大量的有毒物质，但它也蕴含着一座"金矿"，在废旧产品中含有大量的金属元素，如铜、铁、铅等，对它们进行再制造能大大降低购买原材料的成本，获得相应的经济效益。然而废弃物的数量呈逐年增长的趋势，目前全球废旧产品的回收量只是产生量的冰山一角，对废旧产品进行回收不仅能够减轻对环境的压力，同时也能够提高企业的经济效益。大多数学者的研究表明，在分别由零售商、制造商以及第三方负责回收的渠道中，零售商回收是最佳的选择。然而，当零售商对废旧产品回收时，回收成本与回收风险仅由零售商独自承担，在这种情形下，由于受益方是制造商和零售商，那么，极易产生制造商搭便车的现象。此外，就行为科学而言，承担回收活动的零售商具有公平关切的倾向，即表现为对制造商获取较高利润而无需承担任何回收成本与风险的不满，并且研究表明，系统的回收率随零售商公平关切程度的提高而降低，为协调零售商公平关切，同时避免制造商搭便车，本章引出成本共担策略，即制造商与零售商共同分担回收成本和风险，激励零售商的销售与回收行为，提高废旧产品回收率并降低零售商的公平关切。故本章构建由制造商和零售商组成的闭环供应链，制造商分担一定比例的回收成本，尽可能避免制造商的搭便车行为。我们重点探讨以下问题：（1）零售商的公平关切和制造商的成本分担怎样交互影响零售商的回收和供应链的决策。(2)零售商的公平关切和制造商的成本分担对供应链决策的影响程度是不是一样。

4.2　模型描述与假设

本章构建的零售商负责回收的模型如图 4.1 所示：制造商生产新产品和再制造产品，零售商销售新产品和再制造产品并且回收旧产品，在本章中新产品和再制造产品在定价方面没有差别，故制造商以 w 的批发价格将新产品和再制造产品批发给零售商并以回购价格 t 从零售商回收废旧产品。

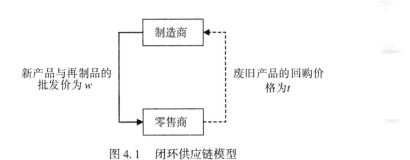

图 4.1　闭环供应链模型

在决策时，制造商为领导者，零售商为跟随者，其决策顺序为：制造商决定批发价和回收价，零售商决定销售价和回收率。参考 Ferrer 等文献，设需求函数为 $D(p) = \varphi - p$，其中 φ 表示基本市场规模，需满足 $\varphi - p > 0$，以此来保证需求是大于 0 的。在此供应链中，零售商作为回收工作的承担者，会关注供应链中的公平问题，即零售商具有公平关切行为。引入 λ 作为公平关切系数，λ 越大，说明零售商对公平问题越关注。为简便计算，假设 $0 \leqslant \lambda \leqslant 1$，当零售商的公平关切系数取到更大值时与取此区间结论相同。假设与符号说明如下：

假设 4.1　假设制造商生产的新产品再制造产品不存在差异，以相同的零售价格销售。

假设 4.2　需要满足 $t + c_r < c_m$，即制造商生产具有成本优势的再制造产

品，否则研究将没有意义。

假设 4.3 回收成本是关于回收率的函数，$c(\varepsilon) = \dfrac{k}{2}\varepsilon^2$，$k$ 代表零售商回收废旧产品的困难程度。

假设 4.4 废旧产品能且仅能进行一次回收再制造且不会影响市场需求。

本章中的相关参数和变量定义如表 4.1 所示。

表 4.1 参数和变量定义表

参数和变量	含　义
p	产品的零售价(零售商的决策变量)
w	产品的批发价格(制造商的决策变量)
ε	零售商的回收率(零售商的决策变量)
t	制造商向零售商支付回收的废旧产品的单位转让价格(制造商的决策变量)
α	制造商回收成本分担系数
c_m	新产品的单位成本
c_r	再制造产品的单位成本
Δ	废旧产品生产节约的单位成本($\Delta = c_m - c_r$)
k	规模参数，表示零售商回收的难度
φ	市场基本规模
λ	公平关切系数
$D(p)$	市场的需求函数
π_m	制造商的利润
π_r	零售商利润
π_c	供应链系统总利润

4.3　闭环供应链模型分析

在零售商进行回收时，考虑到其承担的回收工作的收益方并非只有零售商自身，因为零售商会考虑到制造商的"搭便车"行为，引入 λ 作为零售商的公平关切系数，设零售商的效用函数为 $u_r = \pi_r - \lambda(\pi_m - \pi_r)$，其中 $0 \le \lambda \le 1$，同样的，引入 t 作为衡量制造商为零售商分担回收成本的系数，其中 $0 \le t \le 1$；当分担系数为 0 时，制造商将不分担任何回收成本，分担系数越大，则制造商承担的回收费用越高。

在此闭环供应链中分别考虑零售商是否具有公平关切与制造商有无成本分担行为的四种组合模型，分别用 (λ^T, t^T)，(λ^T, t)，(λ, t^T)，(λ, t) 表示公平中性—无成本分担、公平中性—成本分担、公平关切—无成本分担、公平关切—成本分担四种闭环供应链模型。

4.3.1 公平中性—无成本分担行为下的闭环供应链模型分析

在 (λ^T, t^T) 的情形下，即 $\lambda = 0$，$\alpha = 0$，表示零售商不注重供应链的公平性，且制造商无成本分担行为，不分担零售商的回收成本，这组研究结果将作为基准，为之后分析不同参数对供应链决策的影响做准备。此时制造商、零售商的利润即为其效用。

制造商的利润函数为：

$$\max_{w,t} \pi_m = D(p)(w - c_m + (\Delta - t)\varepsilon) \tag{4.1}$$

零售商的利润函数为：

$$\max_{p,\varepsilon} \pi_r = D(p)(p - w + t\varepsilon) - \frac{k}{2}\varepsilon^2 \tag{4.2}$$

命题 4.1 当 $2k - t^2 > 0$ 时，零售商的利润函数对于 p 和 ε 的 Hessian 矩阵负定，有唯一最优解：

$$
\begin{cases}
w^* = \dfrac{8k\varphi - 3\Delta^2\varphi + 8kc_m - \Delta^2 c_m}{16k - 4\Delta^2} \\[3mm]
p^* = \dfrac{3k\varphi - \Delta^2\varphi + kc_m}{4k - \Delta^2} \\[3mm]
\varepsilon^* = \dfrac{\Delta(\varphi - c_m)}{8k - 2\Delta^2} \\[3mm]
t^* = \dfrac{\Delta}{2}
\end{cases}
\tag{4.3}
$$

将上述(4.3)式代入(4.1)式和(4.2)式中,可得到零售商无公平关切且制造商不进行成本分担时的最优利润函数:

$$\begin{cases} \pi_m^* = \dfrac{k(\varphi - c_m)^2}{8k - 2\Delta^2} \\[3mm] \pi_r^* = \dfrac{k(8k - \Delta^2)(\varphi - c_m)^2}{8(-4k + \Delta^2)^2} \\[3mm] \pi_c^* = \pi_m^* + \pi_r^* = \dfrac{k(24k - 5\Delta^2)(\varphi - c_m)^2}{8(-4k + \Delta^2)^2} \end{cases} \tag{4.4}$$

证明:见附录。

命题 4.1 表明,k 越大即零售商越难进行回收,因此只有废旧产品的单位转让价格 t 较低时,$2k - t^2 > 0$ 才会成立,其中,w^*,p^*,ε^*,t^*,π_m^*,$\pi_r^* \pi_c^*$ 分别表示零售商公平中性且制造商无成本分担下的最优批发价格、零售价格、回收率、转让价格、制造商、零售商和系统总利润。

4.3.2 公平中性 — 成本分担行为下的闭环供应链模型分析

在 (λ^T, t) 的情形下,$\lambda = 0$,$0 \leqslant \alpha \leqslant 1$,即零售商依然无公平关切,制造商为了供应链系统能够更好地开展回收工作得到更多的废旧产品,而分担零售商的回收成本,$0 \leqslant \alpha \leqslant 1$ 表明零售商的回收成本都由制造商承担。本节不考虑零售商的公平关切,研究制造商的成本分担对供应链回收与定价策略的影响。

制造商的利润函数为:

$$\max_{w, t} \pi_m^c = D(p)(w - c_m + (\Delta - t)\varepsilon) - \alpha k \varepsilon^2 \tag{4.5}$$

零售商的利润函数为:

$$\max_{p, \varepsilon} \pi_c^c = D(p)(p - w + t\varepsilon) - (1 - \alpha)k\varepsilon^2 \tag{4.6}$$

命题 4.2 当 $2k(1 - \alpha) - t^2 > 0$ 时,零售商的利润函数对于 p 和 p 的 Hessian 矩阵是负定的,有唯一最优解:

$$
\begin{cases}
w^{c*} = \dfrac{(2k(-2+\alpha)^2 + (-3+2\alpha)\Delta^2)\varphi + (2k(-2+\alpha)^2 + (-1+\alpha)\Delta^2)c_m}{4k(-2+\alpha)^2 + (-4+3\alpha)\Delta^2} \\[4mm]
p^{c*} = \dfrac{3k(-2+\alpha)^2\varphi + (-4+3\alpha)\Delta^2\varphi + k(-2+\alpha)^2 c_m}{4k(-2+\alpha)^2 + (-4+3\alpha)\Delta^2} \\[4mm]
t^{c*} = \dfrac{(-1+\alpha)\Delta}{-2+\alpha} \\[4mm]
\varepsilon^{c*} = -\dfrac{(-2+\alpha)\Delta(\varphi - c_m)}{4k(-2+\alpha)^2 + (-4+3\alpha)\Delta^2}
\end{cases}
$$

$$(4.7)$$

将 (4.7) 式代入 (4.5) 式和 (4.6) 式中,可得到零售商公平中性时制造商分担其回收成本下供应链系统的最优利润:

$$
\begin{cases}
\pi_m^{c*} = \dfrac{k(-2+\alpha)^2(\varphi - c_m)^2}{8k(-2+\alpha)^2 + 2(-4+3\alpha)\Delta^2} \\[4mm]
\pi_r^{c*} = \dfrac{k(-2+\alpha)^2(2k(-2+\alpha)^2 + (-1+\alpha)\Delta^2)(\varphi - c_m)^2}{2(4k(-2+\alpha)^2 + (-4+3\alpha)\Delta^2)^2} \\[4mm]
\pi_c^{c*} = \dfrac{k(-2+\alpha)^2(6k(-2+\alpha)^2 + (-5+4\alpha)\Delta^2)(\varphi - c_m)^2}{2(4k(-2+\alpha)^2 + (-4+3\alpha)\Delta^2)^2}
\end{cases}
$$

$$(4.8)$$

证明: 见附录。

其中,w^{c*},p^{c*},ε^{c*},t^{c*},π_m^{c*},π_r^{c*},π_c^{c*} 分别表示零售商公平中性制造商成本分担下的最优批发价格、零售价格、回收率、转让价格、制造商利润、零售商利润、系统总利润。

推论 4.1 $\dfrac{\partial \varepsilon^{c*}}{\partial \alpha} > 0$;当 $\alpha \in \left[\dfrac{2}{3}, 1\right]$ 时,$\dfrac{\partial \pi_m^{c*}}{\partial \alpha} < 0$;当 $\alpha \in \left[0, \dfrac{2}{3}\right)$ 时,

$\dfrac{\partial \pi_m^{c*}}{\partial \alpha} > 0$。

推论 4.1 表明,不考虑零售商的公平关切,当制造商进行成本分担时,对于零售商的回收率是有益的,且分担比例越高,其回收率越大。这是因为,当制造商分担零售商的回收成本时,零售商所需要承担的回收成本降低,提高零售商回收的积极性,且制造商分担越多的成本,零售商需要承担的成本越少,故其回收率越大;当制造商承担的回收成本达到回收成本的 $\dfrac{2}{3}$ 时,制

造商的利润达到最优，若是继续让制造商承担更多的回收成本，对于制造商而言，利润开始降低，这是因为，零售商回收给制造商带来的效益开始下降，制造商不如自己进行回收或者不进行回收，只进行新产品的生产。对于零售商而言，当制造商分担成本的比例达到其回收成本的 $\frac{2}{3}$ 时，制造商承担其能接受的最高成本，零售商不应再要求制造商帮助其分担更多成本，此时零售商需要支付的回收成本最少，因此在合理的分担比例下，制造商的成本共担行为能够提升零售商与制造商的收益并使得总利润得以提升。

推论 4.2　$\varepsilon^{c*} > \varepsilon^*$，$w^{c*} < w^*$，$t^{c*} < t^*$。

推论 4.2 表明，如果不考虑零售商的公平关切，制造商成本分担时，零售商的回收率一定比其独自承担回收成本时的回收率高，这是因为零售回收时，制造商帮助其分担一部分成本，这时零售商回收的积极性有所提高；同时，为了进一步促进零售商的回收活动、提高回收率，制造商将降低其批发价格；随着零售商回收率的提高，能够得到更多的废弃产品，也就意味着回收成本也会更多，而制造商承担的回收成本也越多。对于零售商而言，制造商一方面降低批发价格，另一方面又降低支付给其的回购价格，结合推论 4.1 可以看出，在制造商分担成本的比例未达到其回收成本的 $\frac{2}{3}$ 时，制造商利润一直是呈上升趋势，零售商回收率也是呈上升趋势，因此不考虑零售商的公平关切，制造商成本分担反而会对制造商和零售商都有好处。

4.3.3　公平关切 — 无成本分担行为下的闭环供应链模型分析

在 (λ, t^T) 的情形下，$0 < \lambda \leq 1$，$\alpha = 0$，因为制造商不进行成本分担活动，故而零售商回收成本全部由它自己承担。此时，制造商和零售商的效用函数如下：

$$\max_{t, \varepsilon} \pi_m^f = D(p)(w - c_m + (\Delta - t)\varepsilon) \tag{4.9}$$

$$\max_{p, \varepsilon} u_r^f = \pi_r - \lambda(\pi_m - \pi_r) \tag{4.10}$$

命题 4.3　当 $2(1 + \lambda)^2 k - (t - (\Delta - 2t)\lambda)^2 > 0$ 时，零售商的效用函数关于 p 和 ε 的海塞矩阵负定，有唯一最优解：

$$
\begin{cases}
p^{f*} = \dfrac{3k\varphi - \Delta^2\varphi + kc_m}{4k - \Delta^2} \\[3mm]
\varepsilon^{f*} = \dfrac{\Delta(\varphi - c_m)}{8k - 2\Delta^2} \\[3mm]
w^{f*} = \dfrac{(8k - 3\Delta^2)(1 + \lambda)\varphi + (8k(1 + 3\lambda) - \Delta^2(1 + 5\lambda))c_m}{4(4k - \Delta^2)(1 + 2\lambda)} \\[3mm]
t^{f*} = \dfrac{\Delta + 3\Delta\lambda}{2 + 4\lambda}
\end{cases} \tag{4.11}
$$

将(4.11)式代入(4.9)式和(4.10)式,可得:

$$
\begin{cases}
\pi_m^{f*} = \dfrac{k(1 + \lambda)(\varphi - c_m)^2}{2(4k - \Delta^2)(1 + 2\lambda)} \\[3mm]
\pi_r^{f*} = \dfrac{k(8k(1 + 4\lambda) - \Delta^2(1 + 6\lambda))(\varphi - c_m)^2}{8(-4k + \Delta^2)^2(1 + 2\lambda)} \\[3mm]
\pi_c^{f*} = \pi_m^{f*} + \pi_r^{f*} = \dfrac{k(24k - 5\Delta^2)(\varphi - c_m)^2}{8(-4k + \Delta^2)^2}
\end{cases} \tag{4.12}
$$

证明:见附录。

其中,w^{f*},p^{f*},ε^{f*},t^{f*},π_m^{f*},π_r^{f*},π_c^{f*} 分别表示零售商公平关切时制造商不进行成本分担下的最优批发价格、零售价格、回收率、转移价格、制造商利润、零售商利润、系统总利润。

推论 4.3 $\dfrac{\partial w^f}{\partial \lambda} < 0$,$\dfrac{\partial t^f}{\partial \lambda} > 0$,$\dfrac{\partial \pi_m^{f*}}{\partial \lambda} < 0$,$\dfrac{\partial \pi_r^{f*}}{\partial \lambda} > 0$,$\dfrac{\partial u_r^{f*}}{\partial \lambda} > 0$。

推论4.3表明,当零售商具有极高的公平关切行为时,会对制造商的高利润感到不公平,从而会拒绝或者说降低其销售及回收的积极性,这会对制造商产生极其不利的影响:不但会降低其回收数量,还会降低其产品的需求量。故制造商会采取措施平衡零售商的不公平感,以求得到更多的销量和回收量。随着零售商公平关切程度增强,制造商在降低其批发价格的同时提高回收废旧产品的转移价格,以降低零售商的不公平感,从而激励零售商提高销售能力和回收能力。然而,零售商的零售价格和回收率与公平关切系数无关,说明零售商的公平关切并不能直接对零售商的行为产生影响,当零售商公平关切时,它会想方设法采取措施得到更多的利润。随着零售商越来越注重公平,其利润必然会增加,这是因为随着零售商公平关切程度的增加,其市场地位相应的也越来越强，获得的渠道利润也就越多，因为零售商更注重公平，会导致零售价格上涨，市场需求下降，因此，制造商的利润会减少。制造商的利润和零售商的利润在零售商的公平关切行为下呈现出一个此消彼长的状态，必定会存在一个公平关切系数的阈值，使得零售商的利润与制造商的利润相等，达到均衡状态。

推论 4.4　$p^{f*} = p^*$，$\varepsilon^{f*} = \varepsilon^*$，$\pi_c^{f*} = \pi_c^*$。

推论 4.4 表明，零售商的公平关切行为不影响零售商的零售价格、回收率和供应链总利润，对其本身进行回收不会有影响，也就是说零售商具有公平关切时，并不会去降低或者增加其回收率，系统的总利润不变，这是因为制造商在考虑到零售商的公平关切后会迫使自己降低自己的利润让利给零售商，零售商的公平关切使供应链系统内的收益重新分配，就供应链系统而言，并没有什么好处；此外结合推论 4.3 可以看出制造商就零售商的公平关切行为会降低批发价格，激励其提高销售能力和回收能力，然而零售商的公平关切并不会影响其回收率，换句话说，零售商的公平关切行为仅仅迫使制造商做出让步并让利与于自身，却不会做出任何自我激励与改善，这种行为并不利于长期稳定的合作，对供应链总利润的提升也没有任何帮助。因此就管理角度而言，考虑到零售商的公平关切，制造商降低批发价格和提高回购价格并不会从根本上缓解零售商的公平关切所带来的影响。

4.3.4　公平关切 — 成本分担行为下的闭环供应链模型分析

在 (λ, t) 的情形下，$0 < \lambda \leqslant 1$，$0 \leqslant \alpha \leqslant 1$，即零售商公平关切且制造商进行成本分担，此时：

制造商的利润函数为：

$$\max_{w,t} \pi_m^{fc} = D(p)(w - c_m + (\Delta - t)\varepsilon) - \alpha k \varepsilon^2 \tag{4.13}$$

零售商的效用函数为：

$$\max_{p,\varepsilon} u_r^{fc} = \pi_r^c - \lambda(\pi_m^c - \pi_r^c) \tag{4.14}$$

命题 4.4　$2(1 + \lambda)(-1 + \alpha - \lambda + 2\alpha\lambda)k - (t - (\Delta - 2t)\lambda)^2 > 0$ 时，零售商的效用函数关于 p 和 ε 的 Hessian 矩阵负定，有唯一最优解：

$$
\begin{cases}
w^{fc*} = \dfrac{\left((1+\lambda)(\theta_1^2 + \Delta^2(1+\lambda)\theta_2)\varphi + \begin{pmatrix} 2k(1+3\lambda)\theta_1^2 \\ + \Delta^2(1+\lambda)\theta_3 \end{pmatrix} c_m \right)}{((1+2\lambda)(4k\theta_1^2 + \Delta^2(1+\lambda)\theta_4))} \\[4mm]
p^{fc*} = \dfrac{3k\theta_1^2\varphi + \Delta^2(1+\lambda)\theta_4\varphi + k\theta_1^2 c_m}{4k\theta_1^2 + \Delta^2(1+\lambda)\theta_4} \\[4mm]
t^{fc*} = \dfrac{\Delta(\alpha(1+2\lambda)^2 - (1+\lambda)(1+3\lambda))}{(1+2\lambda)\theta_1} \\[4mm]
\varepsilon^{fc*} = -\dfrac{\Delta(1+\lambda)\theta_1(\varphi - c_m)}{4k\theta_1^2 + \Delta^2(1+\lambda)\theta_4}
\end{cases}
\tag{4.15}
$$

将(4.15)式代入(4.13)式和(4.14)式中,得到既有成本分担又有公平关切时的利润:

$$
\begin{cases}
\pi_m^{fc*} = \dfrac{k(1+\lambda)\theta_1^2(\varphi - c_m)^2}{2(1+2\lambda)(4k\theta_1^2 + \Delta^2(1+\lambda)\theta_4)} \\[4mm]
\pi_r^{fc*} = \dfrac{(k\theta_1^2(2k(1+4\lambda)\theta_1^2 + \Delta^2(1+\lambda)\theta_5)(\varphi - c_m)^2)}{(2(1+2\lambda)(4k\theta_1^2 + \Delta^2(1+\lambda)\theta_4)^2)} \\[4mm]
\pi_c^{fc*} = \dfrac{k\theta_1^2(6k\theta_1^2 + \Delta^2(1+\lambda)\theta_6)(\varphi - c_m)^2}{2(4k\theta_1^2 + \Delta^2(1+\lambda)\theta_4)^2}
\end{cases}
\tag{4.16}
$$

其中, $\theta_1 = (-2 + \alpha + 2(-1+\alpha)\lambda)$;

$\theta_2 = (-3 + 2\alpha - 3\lambda + 4\alpha\lambda)$;

$\theta_3 = (-1 + \alpha + 6(-1+\alpha)\lambda + (-5+8\alpha)\lambda^2)$;

$\theta_4 = (-4(1+\lambda) + \alpha(3+6\lambda))$;

$\theta_5 = (-1 + \alpha + 7(-1+\alpha)\lambda + 2(-3+5\alpha)\lambda^2)$;

$\theta_6 = (-5(1+\lambda) + \alpha(4+8\lambda))$ 。

证明: 见附录。

其中, w^{fc*} 、 p^{fc*} 、 ε^{fc*} 、 t^{fc*} 、 π_m^{fc*} 、 π_r^{fc*} 、 π_c^{fc*} 分别表示零售商公平关切制造商成本分担下的最优批发价格、零售价格、回收率、转移价格,制造商利润、零售商利润、系统总利润。

4.4 数值算例分析

假设相关参数为：$\varphi = 50$，$c_m = 8$，$c_r = 6$，$\Delta = 2$，$k = 200$。

4.4.1 零售商公平中性时闭环供应链的决策分析

当零售商公平中性时，制造商的不同回收成本分担系数 α 对供应链各方决策呈现出不同的变化。

由图4.2、图4.4、图4.5可知，无论制造商在回收成本中所占的份额是多少，制造商、零售商和系统的利润都不小于制造商不承担回收成本时的利润，说明制造商分担回收成本活动对供应链中成员均是积极作用；当制造商的成本分担比例 $\alpha = \dfrac{2}{3}$ 时，制造商的利润达到最高，验证了推论4.2的正确性。由以上各图还可以进一步看出 $\alpha < \dfrac{2}{3}$ 时，零售商利润的增幅大于制造商利润的增幅，这也解释了图4.5的变化趋势，在成本分担系数 $\alpha > \dfrac{2}{3}$ 后，供应链系统的总利润依旧保持递增，直至 $\alpha = 0.8$ 时达到最高。

从管理角度来看，在不考虑零售商公平关切时，若之前制造商与零售商存在成本分担契约，零售商应要求制造商为其承担的回收成本的比例 $\alpha < \dfrac{2}{3}$；但就回收率和供应链系统总利润而言，若要使得社会中废旧产品得到进一步的回收，政府可以对制造商进行相应的补贴，补贴金额为 $\alpha = \dfrac{2}{3}$ 时制造商的利润与 $\alpha = 0.8$ 时制造商的利润之间的差值，如此便能够提高废旧产品的回收率和系统的总利润。

4.4.2 零售商公平关切时闭环供应链的决策分析

当零售商公平关切时，制造商的不同回收成本分担系数对供应链各方决

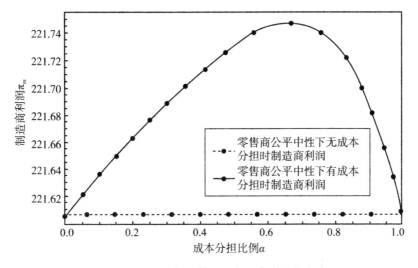

图 4.2 成本分担系数 α 对制造商利润的影响

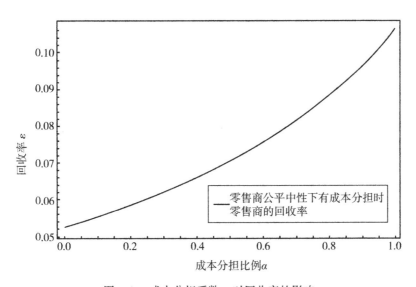

图 4.3 成本分担系数 α 对回收率的影响

策呈现了不同的变化(其中图 4.6、图 4.7 为 $\alpha = 0$ 时,这个时候,制造商不承担零售商的回收成本)。

由图 4.6、图 4.7 可知,在没有制造商分担回收成本的情形下,零售商对

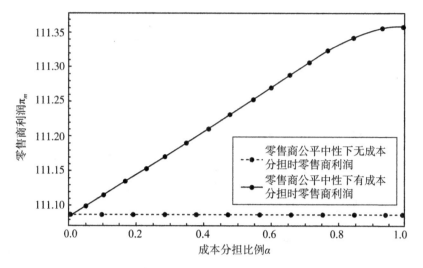

图 4.4　成本分担系数 α 对零售商利润的影响

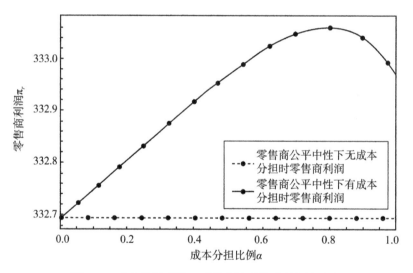

图 4.5　成本分担系数 α 对供应链系统总利润的影响

公平的关注使制造商利润减少，零售商的利润增加。由图可以进一步看出制造商利润的减少与零售商利润的增长的趋势相对应，也就是说，零售商的公平关切会使供应链内部进行利润分配。然而，现实中制造商不会因为零售商

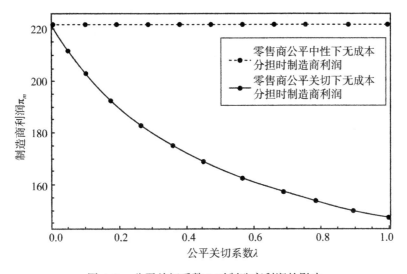

图 4.6 公平关切系数 λ 对制造商利润的影响

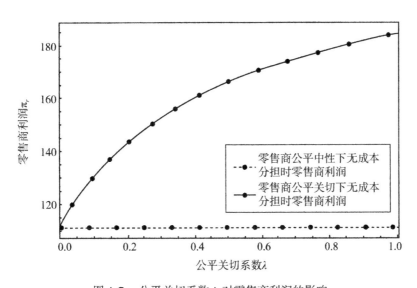

图 4.7 公平关切系数 λ 对零售商利润的影响

的公平关切而做出损害自己利益并转移给零售商的行为,故此种情况在实际中并不会真实存在。从管理角度来看,制造商在考虑到零售商的公平关切后,零售商增加自身公平关切程度能提高其在系统中的利润分配,但并不利于供应链的稳定发展。

上文分析了仅零售商公平关切或仅制造商分担回收成本的情形，然而事实上，一方面零售商的回收活动会使整个供应链系统得益，会使得其考虑到公平问题；另一方面，制造商为了得到更多的回收产品从而进一步节省成本，会进行相应的成本分担。当零售商公平关切且制造商进行成本分担时，供应链各方的利润变化如图 4.8、图 4.9、图 4.10、图 4.11 所示。

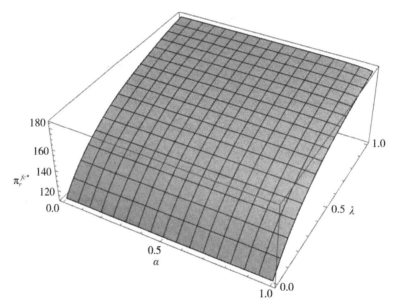

图 4.8　公平关切系数 λ 和成本分担系数 α 对零售商利润的影响

由图 4.8、图 4.9 可知，在零售商公平关切和制造商成本分担的共同作用下，制造商和零售商利润呈相反的变化，零售商的公平关切系数一定时，零售商和制造商的利润随制造商的成本分担系数改变的变化不大；当制造商的成本分担系数固定时，制造商利润随零售商公平关切系数的增大而减小，零售商利润随着公平关切系数的增加而增加。

结合图 4.6、图 4.7 和图 4.8、图 4.9 发现，当零售商公平关切时，制造商的成本分担对制造商和零售商的利润几乎没有影响。值得注意的是，在图 4.10 中可以看到，当 $\lambda = \dfrac{1}{2}$ 时，零售商利润与制造商利润相等，达到一个均衡的状态，且能看出成本分担系数对利润几乎没什么影响；图 4.11 在制造商

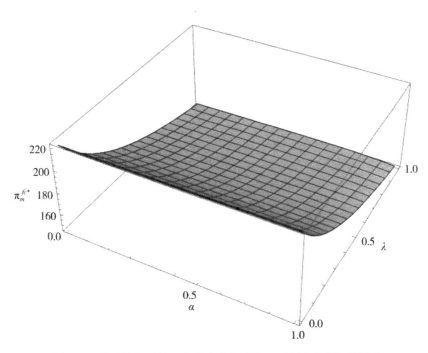

图 4.9 公平关切系数 λ 和成本分担系数 α 对制造商利润的影响

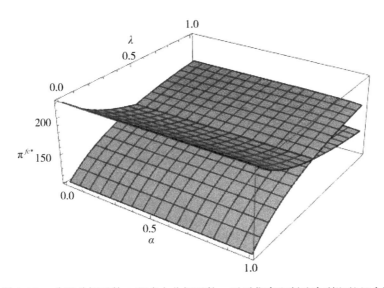

图 4.10 公平关切系数 λ 和成本分担系数 α 对零售商和制造商利润的组合图

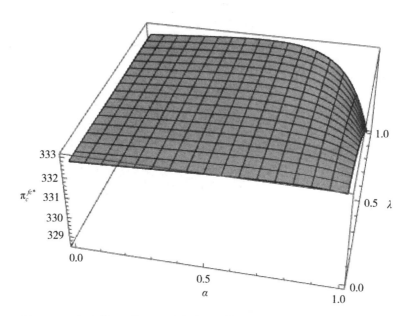

图 4.11　公平关切系数 λ 和成本分担系数 α 对供应链系统总利润的影响

成本分担系数 $\alpha > \dfrac{2}{3}$，零售商公平关切系数 $\lambda > \dfrac{1}{2}$ 时，随着两者增大，供应链系统总利润迅速减小且当成本分担系数和零售商公平关切系数为(1，1) 时最低；结合图 4.8、图 4.9 零售商公平中性且制造商无成本分担行为的情况相比，制造商、零售商和供应链系统的利润显著增加，说明零售商公平关切和制造商成本分担有利于供应链及其成员的利润的增加，且由图 4.10 可知，存在令供应链系统达到最优的组合情况。

　　从管理角度来看，当零售商的公平关切系数约为 $\dfrac{1}{2}$、制造商的回收成本分担系数约为 $\dfrac{1}{2}$ 时、零售商和制造商的利润达到均衡状态，供应链的总利润也处于最优状态且优于对照组，即无公平关切、无成本分担情况下的系统总利润；当零售商具公平关切时，制造商的成本分担比例对制造商和零售商的利润影响并不是很大，这说明此时制造商的成本分担对供应链系统决策的影响没有零售商的公平关切的影响大。

4.5 本 章 小 结

本章探讨了零售商的公平关切和制造商的成本分担对供应链系统决策的影响，针对零售商是否具有公平关切行为和制造商是否具有成本分担行为四种情形进行研究，并分析不同情况下零售商公平关切系数和制造商成本分担系数对供应链最优决策的影响。

首先，确定零售商负责回收的模型，对四种情形逐个分析，即零售商是否公平关切和制造商是否成本分担，分析参数对供应链最优决策的影响；其次，假定在回收时没有考虑消费者是否愿意将废旧产品送至回收点，默认回收量仅与零售商的回收率相关，然而零售商的回收量很大一部分取决于消费者是否愿意参与回收活动。

研究结果表明：（1）在仅有制造商进行成本分担活动时，在一定范围内，成本分担增加了零售商和制造商的利润；（2）在仅制造商成本分担时，随着成本分担系数的增大，回收率增加；（3）在仅零售商公平关切时，零售商越注重公平对增加其本身的利润越有利，但制造商的利润受损，对供应链整体利润并无影响，这说明供应链随着零售商公平关切系数的改变进行了内部的利润分配；（4）当制造商进行成本分担且零售商注重公平时，存在一组成本分担系数和公平关切系数的阈值使零售商和制造商的利润达到均衡状态，供应链系统的总利润达到最优。（5）零售商的公平关切行为比制造商的成本分担行为影响更大。从管理的角度来看，在零售商负责回收的供应链中，零售商的公平关切并不会影响其回收率和供应链的总利润，实际上是促使制造商让利，使得零售商利润增加，但无法实现共赢，然而在不超过阈值下制造商的成本共担行为明显能促进废旧产品的回收，促进制造商和零售商的利润的增加，零售商强调公平意识是对制造商获取的利润与自身利润差异较大的不满的表现，但在制造商主导的情况下，貌似并不可取，单方面迫使制造商让利而未改善其回收与销售行为，短期内会有利润提升却损害了供应商关系，长此以往并不能达成稳定的双赢合作；制造商在不超过最高分担比例的情况下，与零售商共同承担废旧产品的回收成本不仅没有损害其利润，反而加强了与零售商的合作，提升了各自的利润。因此，就供应链总利润而言，零售商无公平关切时，制造商与零售商成本共担才能实现帕累托改进。

在本章的研究中假定消费者是完全具有环保意识的，没有考虑消费者对回收的影响，且只涉及仅零售商的公平关切，今后可以研究考虑消费者不同环保意识下成员均公平关切的最优决策。

附　录

命题 4.1 的证明：

(4.2) 式的 Hessian 矩阵为：$H(\pi_r) = \begin{bmatrix} -2 & -t \\ -t & -k \end{bmatrix}$，由于 $\Delta_t = -2 < 0$，故需 $|H| = 2k - t^2 > 0$，即 $2k - t^2 > 0$ 时，零售商的利润函数关于 p 和 ε 的 Hessian 矩阵负定，有唯一最优解。根据博弈顺序进行逆向归纳法求解：(4.2) 式求关于 ε 的一阶导数为 $\dfrac{\partial \pi_r}{\partial \varepsilon} = -k\varepsilon + t(-p + \varphi)$，令其等于 0，得：$\varepsilon = -\dfrac{t(p - \varphi)}{k}$；

代入 (4.1) 式，对 t 求偏导后令其为 0 求得：$t = \dfrac{\Delta}{2}$；同理根据博弈顺序求得

$$p = \frac{4kw + 4k\varphi - \Delta^2\varphi}{8k - \Delta^2}, \quad w = \frac{8k\varphi - 3\Delta^2\varphi + 8kc_m - \Delta^2 c_m}{16k - 4\Delta^2}$$，并整理得到最优解

$$w^* = \frac{8k\varphi - 3\Delta^2\varphi + 8kc_m - \Delta^2 c_m}{16k - 4\Delta^2}, \quad p^* = \frac{3k\varphi - \Delta^2\varphi + kc_m}{4k - \Delta^2}, \quad \varepsilon^* = \frac{\Delta(\varphi - c_m)}{8k - 2\Delta^2},$$

$t^* = \dfrac{\Delta}{2}$，将最优解代入 (4.1) 式和 (4.2) 式中，得 $\pi_m^* = \dfrac{k(\varphi - c_m)^2}{8k - 2\Delta^2}$，

$$\pi_r^* = \frac{k(8k - \Delta^2)(\varphi - c_m)^2}{8(-4k + \Delta^2)^2}, \quad \pi_c^* = \pi_m^* + \pi_r^* = \frac{k(24k - 5\Delta^2)(\varphi - c_m)^2}{8(-4k + \Delta^2)^2}。$$

命题 4.2 的证明：

(4.6) 式的海塞矩阵为 $H(\pi_r) = \begin{bmatrix} -2 & -t \\ -t & -(1-\alpha)k \end{bmatrix}$，由于 $\Delta_t = -2 < 0$；故需要 $|H| = 2(1-\alpha)k - t^2 > 0$，即 $2(1-\alpha)k - t^2 > 0$ 时，零售商的利润函数关于 p 和 ε 的 Hessian 矩阵是负定的，存在唯一最优解。根据博弈顺序进行逆

向归纳法求解：(4.6) 式求关于 ε 的一阶导数为 $\dfrac{\partial \pi_r^c}{\partial \varepsilon} = 2k(-1+\alpha)\varepsilon + t(-p+\varphi)$，令其等于 0，求得：$\varepsilon = \dfrac{t(p-\varphi)}{2k(-1+a)}$；代入(4.5) 式，对 t 求偏导后令其为 0，得：$t = \dfrac{(-1+\alpha)\Delta}{-2+\alpha}$；同理根据博弈顺序求解并整理得到最优解

$$w^{c*} = \frac{(2k(-2+\alpha)^2 + (-3+2\alpha)\Delta^2)\varphi + (2k(-2+\alpha)^2 + (-1+\alpha)\Delta^2)c_m}{4k(-2+\alpha)^2 + (-4+3\alpha)\Delta^2},$$

$$p^{c*} = \frac{3k(-2+\alpha)^2\varphi + (-4+3\alpha)\Delta^2\varphi + k(-2+\alpha)^2 c_m}{4k(-2+\alpha)^2 + (-4+3\alpha)\Delta^2},$$

$$t^{c*} = \frac{(-1+\alpha)\Delta}{-2+\alpha}, \quad \varepsilon^{c*} = -\frac{(-2+\alpha)\Delta(\varphi - c_m)}{4k(-2+\alpha)^2 + (-4+3\alpha)\Delta^2}, \quad 将最优解代入$$

(4.5) 式和(4.6) 式中，得

$$\pi_m^{c*} = \frac{k(-2+\alpha)^2(\varphi - c_m)^2}{8k(-2+\alpha)^2 + 2(-4+3\alpha)\Delta^2},$$

$$\pi_r^{c*} = \frac{k(-2+\alpha)^2(2k(-2+\alpha)^2 + (-1+\alpha)\Delta^2)(\varphi - c_m)^2}{2(4k(-2+\alpha)^2 + (-4+3\alpha)\Delta^2)^2},$$

$$\pi_c^{c*} = \frac{k(-2+\alpha)^2(6k(-2+\alpha)^2 + (-5+4\alpha)\Delta^2)(\varphi - c_m)^2}{2(4k(-2+\alpha)^2 + (-4+3\alpha)\Delta^2)^2}。$$

命题 4.3 的证明：

(4.10) 式的海塞矩阵为：

$$H(\pi_r) = \begin{bmatrix} -2-2\lambda & -t-(2t-\Delta)\lambda \\ -t-(2t-\Delta)\lambda & -k-k\lambda \end{bmatrix},$$

由于 $\Delta_1 = -2(1+\lambda) < 0$，故需 $|H| > 0$，即满足 $2(1+\lambda)^2 k - (t-(\Delta-2t)\lambda)^2 > 0$ 时，零售商的利润函数对于 p 和 ε 的 Hessian 矩阵是负定的，有唯一最优解，采用逆向归纳法，得到零售商公平关切制造商无成本分担时的供应链最优决策。

命题 4.4 的证明：

(4.14) 式的海塞矩阵为：

$$H(\pi_r) = \begin{bmatrix} -2-2\lambda & -t-(2t-\Delta)\lambda \\ -t-(2t-\Delta)\lambda & k(-1+\alpha-\lambda+2\alpha\lambda) \end{bmatrix},$$

由于 $\Delta_1 = -2(1+\lambda) < 0$；故需要 $|H| = 2(1+\lambda)(-1+\alpha-\lambda+2\alpha\lambda)k - (t-(\Delta-2t)\lambda)^2 > 0$，即 $2(1+\lambda)(-1+\alpha-\lambda+2\alpha\lambda)k - (t-(\Delta-2t)\lambda)^2 > 0$ 时，零售商的利润函数关于 p 和 ε 的海塞矩阵是负定的，存在唯一最优解。

推论 4.1 的证明：

对回收率关于成本分担系数求偏导：

$$\frac{\partial \varepsilon^{c*}}{\partial \alpha} = -\frac{2\Delta(-2k(-2+\alpha)^2+\Delta^2)(\varphi-c_m)}{(4k(-2+\alpha)^2+(-4+3\alpha)\Delta^2)^2}, \text{ 其中 } 2k(-2+\alpha)^2-\Delta^2 >$$

$2k-\Delta^2 > 2k-t^2 > 0$，所以 $\dfrac{\partial \varepsilon^{c*}}{\partial \alpha} > 0$；对制造商利润关于成本分担系数求偏

导：$\dfrac{\partial \pi_m^{c*}}{\partial \alpha} = \dfrac{k(-2+\alpha)(-2+3\alpha)\Delta^2(\varphi-c_m)^2}{2(4k(-2+\alpha)^2+(-4+3\alpha)\Delta^2)^2}$，$\alpha \in [0,1]$，令其为 0，得

$\alpha = \dfrac{2}{3}$。

推论 4.2 的证明：

与零售商不关注公平相比，制造商有无成本分担行为时的回收率、批发价格和回购价格可得：

$$\varepsilon^{c*} - \varepsilon^* = -\frac{\alpha\Delta(4k(-2+\alpha)+\Delta^2)(\varphi-c_m)}{2(4k-\Delta^2)(4k(-2+\alpha)^2+(-4+3\alpha)\Delta^2)} > 0, \Rightarrow \varepsilon^{c*} > \varepsilon^*$$

$$w^{c*} - w^* = \frac{\alpha\Delta(4k(-2+\alpha)+\Delta^2)(\varphi-c_m)}{4(4k-\Delta^2)(4k(-2+\alpha)^2+(-4+3\alpha)\Delta^2)} < 0, \Rightarrow w^{c*} < w^*$$

$$t^{c*} - t^* = \frac{\alpha\Delta}{2(-2+\alpha)} < 0, \Rightarrow t^{c*} < t^*$$

推论 4.3 的证明：

制造商的批发价格和其支付给零售商的回购价格分别对公平关切系数 λ 求偏导：

$$\frac{\partial w^{f*}}{\partial \lambda} = -\frac{(8k-3\Delta^2)(\varphi-c_m)}{4(4k-\Delta^2)(1+2\lambda)^2}, \quad \frac{\partial t^{f*}}{\partial \lambda} = \frac{\Delta}{2(1+2\lambda)^2}, \text{ 其中，} (8k-3\Delta^2) >$$

$(16k-3\Delta^2) > (6k-3t^2) > 0$，$(4k-\Delta^2) > (4k-t^2) > (2k-t^2) > 0$，所以

$\dfrac{\partial w^{f*}}{\partial \lambda} < 0$，$\dfrac{\partial t^{f*}}{\partial \lambda} > 0$。

制造商和零售商的利润及零售商的效用分别对公平关切系数 λ 求偏导：

$$\frac{\partial w_m^{f*}}{\partial \lambda} = -\frac{k(\varphi - c_m)^2}{2(4k - \Delta^2)(1 + 2\lambda)^2}, \quad \frac{\partial \pi_r^{f*}}{\partial \lambda} = \frac{k(\varphi - c_m)^2}{2(4k - \Delta^2)(1 + 2\lambda)^2},$$

$$\frac{\partial u_r^{f*}}{\partial \lambda} = \frac{k(8k - \Delta^2)(\varphi - c_m)^2}{8(-4k + \Delta^2)^2}, \quad 显然, \quad \frac{\partial \pi_m^{f*}}{\partial \lambda} < 0, \quad \frac{\partial \pi_m^{f*}}{\partial \lambda} > 0, \quad \frac{\partial u_r^{f*}}{\partial \lambda} > 0_{\circ}$$

第5章　考虑消费者环保意识和公平关切的闭环供应链回收与定价决策

5.1　引　　言

随着人们生活水平及消费需求的不断提高，各种产品更新迭代速度越来越快，大量产品未至其寿命尾限就面临更新换代的局面，这种情况导致了仍然具有使用价值的废旧产品的批量存在，造成了资源浪费，为促进废旧产品循环再利用，国务院颁布《中国制造2025》，明确提出制造业要提高资源的回收利用效率，要促进废旧产品循环再利用，首先就要解决关于回收方面的问题。此外，在消费结构持续升级的大背景下，消费者的环保意识尤为重要，因此，针对闭环供应链中涉及消费者环保意识的回收活动进行研究具有重要意义。

随着社会的发展，完全理性的假设对当下的经济社会已经不再适用，人们在从事经济活动时，不仅仅以经济利益最大化为目标，还会关注公平问题，供应链中一方成员会对其他成员的行为做出相应的反应，来达到他们自身追求的目标。然而，闭环供应链的研究多为对零售商和制造商的研究，在研究闭环供应链中的回收问题时，消费者是回收流程中不可或缺的一方，因而对消费者的研究也必不可少。

5.2　模型描述与符号说明

本章讨论消费者的环保意识对供应链最优决策的影响。如图5.1所示：制造商是新产品生产和废旧产品再生产的承担者，零售商销售新产品和再制造产品，以及回收废旧产品。本章参考 Ferrer 等（2006，2010），设需求函数为 $D(p) = \varphi - p$，其中 φ 表示基本市场规模，需要满足 $\varphi - p > 0$，以保证产品的市场需求是非负的。

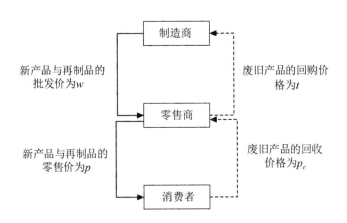

图 5.1　考虑消费者环保意识行为的闭环供应链

本章使用的相关变量注释如表 5.1 所示。

表 5.1　参数与变量注释表

参数与变量	含　义
r	市场上的初始废旧产品回收量，可以用来表示消费者回收参与度
β	消费者对废旧产品的环保意识敏感系数
p_e	零售商向消费者支付的回收价格
s	零售商回收努力水平（决策变量）
$R(s)$	废旧产品的回收量
p	产品的零售价（零售商的决策变量）
w	产品的批发价格（制造商的决策变量）
ε	零售商的回收量（零售商的决策变量）
t	制造商向零售商支付回收产品的单位转让价格（制造商的决策变量）

续表

参数与变量	含　义
α	制造商回收成本分担系数
c_m	新产品的单位成本
c_r	再制造产品的单位成本
Δ	废旧产品生产节约的单位成本（$\Delta = c_m - c_r$）
k	规模参数，表示零售商回收的难度
φ	市场基本规模
λ	公平关切系数
$D(p)$	市场的需求函数
π_m	制造商的利润
π_r	零售商利润
π_c	供应链系统总利润

供应链中成员的决策受多种因素影响，为聚焦研究重点，做出如下假设：

假设 5.1　制造商自行生产的新产品和利用废旧产品进行再制造的再制造产品，在消费者的视角上不存在差异，因此以相同的零售价格销售。

假设 5.2　需要满足 $t + c_r < c_m$，即制造商使用回收材料生产具有成本优势的产品。

假设 5.3　回收成本是回收服务水平的函数 $c(s) = ks^2/2$，k 代表零售商回收废旧品的困难程度。

假设 5.4　废旧产品的回收量 $R(s)$ 是关于回收价格和回收服务水平 s 的线性函数。$R(s) = r + \beta p_e + s$，其中 r 为市场上初始废旧产品的回收数量；β 为消费者对废旧产品回收的环保意识敏感系数，$0 \leqslant \beta \leqslant 1$；$p_e$ 为回收价格；s 为零售商为回收活动的努力程度，换言之为零售商提供回收活动的服务水平。

假设 5.5　废旧产品能且仅能进行一次再制造并且不会影响市场容量。零售商向消费者支付的回购价格在市场中是确定的，不由零售商决定，即 p_e 的值是一定的。

5.3 零售商公平中性下闭环供应链模型分析

当零售商不考虑供应链中的公平关系时，即零售商只关注自身的利益，目标是自身利润的最大化。在制造商承担零售商回收成本的前提下，考虑消费者环保意识对供应链最优决策的影响，此时，制造商和零售商的效用等于其利润。

制造商的利润函数为：

$$\max_{w,\, t} \pi_m^u = (w - c_m)(D(p) - R(s)) + (w - c_r - t)R(s) - \frac{\alpha k}{2}s^2 \quad (5.1)$$

零售商的利润函数为：

$$\max_{p,\, s} \pi_r^u = (p - w)D(p) + (t - p_e)R(s) - \frac{(1 - \alpha)k}{2}s^2 \quad (5.2)$$

命题 5.1 零售商的利润函数是关于 p 和 s 的严格凹函数，故有唯一最优解；当 $\alpha k + 2 - 2\alpha > 0$ 时，制造商的利润函数是关于 w 和 t 严格凹函数，有唯一最优解。

$$
\begin{cases}
w^{u*} = \dfrac{c_m + \varphi}{2} \\[2mm]
t^{u*} = \dfrac{-r(-1 + \alpha)^2 + c_r(1 - \alpha) - (-1 + \beta(-1 + \alpha)^2 + \alpha - k\alpha)p_e}{2 + (-2 + k)\alpha} \\[4mm]
\qquad + \dfrac{(-1 + \alpha)c_m}{2 + (-2 + k)\alpha} \\[4mm]
p^{u*} = \dfrac{1}{4}(3\varphi + c_m) \\[2mm]
s^{u*} = \dfrac{r(-1 + \alpha) + c_r + (-1 + \beta(-1 + \alpha))p_e - c_m}{2 + (-2 + k)\alpha}
\end{cases}
$$

$$(5.3)$$

命题 5.2 当零售商公平中性时，制造商、零售商的最优策略集为 $((w^{u*},\ t^{u*}),\ (p^{u*},\ s^{u*}))$

最优回收量为：

$$R^{u*}(s) = \frac{r + (-1+k)r\alpha + c_r + (-1+\beta+(-1+k)\beta\alpha)p_e - c_m}{2 + (-2+k)\alpha}$$

$$(5.4)$$

将(5.4)式代入(5.1)式和(5.2)式，得制造商和零售商的最优利润：

$$\begin{cases} \pi_r^{u*} = \dfrac{C_1 + C_2}{16} \\[3mm] \pi_m^{u*} = \dfrac{C_3 + C_4}{16 + 8(-2+k)\eta} \end{cases} \qquad (5.5)$$

证明：见附录。

其中，C_1，C_2，C_3，C_4 的具体取值见附录 A1。w^{u*}，p^{u*}，s^{u*}，t^{u*}，π_m^{u*}，π_r^{u*}，π_c^{u*}，R^{u*} 分别表示零售商无公平关切、制造商有成本分担、消费者有环保意识时的最优批发价格、零售价格、回收努力水平、回购价格、制造商利润、零售商利润、系统总利润、废旧产品回收量。

推论 5.1　$\dfrac{\partial t^{u*}}{\partial \beta} < 0, \dfrac{\partial s^{u*}}{\partial \beta} < 0, \dfrac{\partial R}{\partial \beta} > 0, \dfrac{\partial t^{u*}}{\partial r} < 0, \dfrac{\partial s^{u*}}{\partial r} < 0, \dfrac{\partial R^{u*}}{\partial r} > 0$。

推论5.1表明，就消费者环保意识和消费者的回收参与度而言，在不考虑零售商公平关切时，制造商支付给零售商的回购价格关于其呈负相关；零售商回收努力水平关于其呈负相关；制造商的利润和回收量关于其呈正相关，说明消费者环保意识的增强对降低回购价格有促进作用，有利于减轻回收行业的回收压力；又有助于回收量的增加从而有助于制造商进行再制造活动，进一步降低制造成本，减少对环境的不利影响。回收潜在量即消费者的回收参与度的增大，使得零售商意识到有更多的市场可待开发，故会促进零售商付出更多努力以求更大的回收利润。

5.4　零售商公平关切下闭环供应链模型分析

此时，零售商考虑到进行回收活动似乎对制造商是更有利的，会思考制造商"搭便车"的行为，故零售商不再是单纯地追求利润最大化，而会注重成员间的公平关系，设零售商的效用函数为 $u_r = \pi_r - \lambda(\pi_m - \pi_r)$，$0 \leqslant \lambda \leqslant 1$，当公平关切系数为0时，说明此时零售商为公平中性，公平关切系数越大，说明零售商越注重公平。此时，制造商的利润函数以及零售商的效用函数为：

制造商的利润函数为：

$$\max_{w,t} \pi_m^{uf} = (w - c_m)(D(p) - R(s)) + (w - c_r - t)R(s) - \frac{\alpha K}{2}s^2 \quad (5.6)$$

零售商的效用函数为：

$$\max_{p,s} u_r^{uf} = \pi_r - \lambda(\pi_m - \pi_r) = (1+\lambda)\pi_r - \lambda\pi_m \quad (5.7)$$

命题 5.3 当 $2 - \alpha(2 + k) > 0$ 时，零售商的效用函数是关于 p 和 s 的严格凹函数，存在唯一最优解；当 $2(1+\lambda)(\alpha-1) - \alpha k < 0$ 时，制造商的利润函数是关于 w 和 t 的严格凹函数，存在唯一最优解。

$$
\begin{cases}
p^{uf*} = \dfrac{c_m + 3\varphi}{4} \\[2mm]
w^{uf*} = \dfrac{c_r + 3c_r\lambda + \varphi + \lambda\varphi}{2(1+2\lambda)} \\[2mm]
t^{uf*} = \dfrac{(-1+\beta)p_e + rA_1^2 + c_m A_2 + p_e(A_3 - A_4) + c_r - (A_4 + 1)}{((1+2\lambda)(-2(1+\lambda) + \alpha(2 - k + 2\lambda)))} \\[2mm]
s^{uf*} = \dfrac{(p_e - \Delta + \beta p_e - rA_1 - \beta p_e(A_1 + 1) + \lambda(p_e - \Delta))}{(-2(1+\lambda) + \alpha(2 - k + 2\lambda))}
\end{cases}
\quad (5.8)
$$

命题 5.4 当零售商公平关切时，制造商、零售商的最优策略集为 $((w^{uf*}, t^{uf*}), (p^{uf*}, s^{uf*}))$。

最优回收量为：

$$R^{uf*}(s) = -\frac{(1+\lambda)\left(r + (-1+k)r\alpha + \begin{pmatrix} -1+\beta \\ +(-1+k)\beta\alpha \end{pmatrix}p_e - \Delta\right)}{-2(1+\lambda) + \alpha(2 - k + 2\lambda)}$$

$$(5.9)$$

将 (5.9) 式代入制造商和零售商的利润函数，得最优利润：

$$
\begin{cases}
\pi_m^{uf*} = \dfrac{-4p_e^2 A_6 + \beta^2 A_7^2 - 4r^2 A_1^2 + c_m^2 A_8 - 8rA_9 + A_{10} + A_{11}}{(8(1+2\lambda)(2(1+\lambda) + \alpha(k - 2(1+\lambda))))} \\[3mm]
\pi_r^{uf*} = \dfrac{B_1}{(B_2 - B_3 + B_4 + B_5 + B_6)B_7}
\end{cases}
\quad (5.10)
$$

其中，A_1，A_2，A_3，A_4，A_5，A_6，A_7，A_8，A_9，A_{10}，A_{11}，B_1，B_2，B_3，B_4，B_5，B_6，B_7 的具体取值见附录 A2、附录 A3。w^{uf*}，p^{uf*}，s^{uf*}，t^{uf*}，

π_m^{uf*}，π_r^{uf*}，π_c^{uf*}，R^{uf*} 分别表示在零售商有公平关切行为、制造商具有成本分担行为、消费者具环保意识情况下的最优批发价格、零售价格、回收努力水平、回购价格、制造商、零售商以及系统总利润和废旧产品回收量。

推论 5.2　$\dfrac{\partial t^{uf*}}{\partial \beta} < 0$，$\dfrac{\partial R^{uf*}}{\partial \beta} > 0$，$\dfrac{\partial s^{uf*}}{\partial \beta} > 0$，$\dfrac{\partial t^{uf*}}{\partial r} < 0$，$\dfrac{\partial R^{uf*}}{\partial r} > 0$，

$\dfrac{\partial s^{uf*}}{\partial r} > 0$。

推论 5.2 表明，在考虑零售商公平关切时，零售商得到的回购价格与消费者环保意识和消费者回收活动的参与度负相关；而环保意识系数和参与度与零售商的回收量和回收努力水平正相关，也就是说在考虑零售商的公平关切下，制造商的回购价格会随着消费者环保意识的提高而降低，此外，在本章假设中零售商对市场的回收价格由市场决定而不由零售商决定，从中可以看出零售商的公平关切在一定程度上损害了它与制造商的合作，使得回购价格被降低；然而，消费者环保意识和参与回收活动积极性的增强有助于降低制造商向零售商支付的回购价格，从而降低回收企业的回收成本；提高消费者的环保意识和参与回收活动的积极性，有助于进行回收活动并提高回收量。不难理解，消费者的环保意识和参与度的增加，对于零售商而言，使其更容易回收到大量的废旧产品，故零售商会积极提高其回收努力水平，即提高回收服务质量，吸引更多消费者进行回收活动，从而进一步增加其回收量。

推论 5.3　$\dfrac{\partial w^{uf*}}{\partial \lambda} < 0$，$\dfrac{\partial s^{uf*}}{\partial \lambda} > 0$。

推论 5.3 表明，考虑到零售商的公平关切，不难理解制造商的批发价格随着零售商公平关切系数的增加而降低，零售商越注重成员间的公平，对自身的利润与制造商利润的差距就会越在意，制造商为了让零售商更加积极努力地进行回收，会选择主动放弃一部分利润，即降低给零售商的批发价格来降低零售商对利润差距的关注度，换句话说，制造商降低批发价格就是为让利给零售商，以此降低零售商对利润分配不满的诉求，从而激励零售商进行回收，正是因为如此，零售商的回收努力水平也会随之增加从而回收量也得到了提升。

推论 5.4　$w^{uf*} > w^{u*}$，$p^{uf*} = p^{u*}$，$t^{uf*} > t^{u*}$，$s^{uf*} > s^{u*}$，$R^{uf*} > R^{u*}$。

推论 5.4 表明，在考虑零售商公平关切下，批发价格、制造商支付给零售

商的转移价格、零售商回收努力水平和回收率均大于零售商公平中性时，这是因为，考虑到零售商的公平性，制造商会主动降低对零售商的批发价格，提高对零售商的转移价格，以平衡零售商的公平性，希望其能够提高零售商的回收积极性，因此，结合推论 5.3，相较于零售商公平中性，它的公平关切一定程度上能够帮助其减轻一部分回收成本压力，零售商进行回收能获得更大的利润，故其会提升回收努力水平使得回收到更多的废旧产品，进而提高其回收量。此外，零售商的公平关切不仅有利于提高其在回收活动中的积极性，也提高了其在产品销售过程中把控批发价格的议价权，提升自身的讨价还价能力。

5.5 算 例 分 析

本节通过代入数值验证上述分析，主要包括以下内容：（1）比较有无消费者环境意识时，供应链成员的最优决策和利润；（2）相关参数对供应链成员最优决策的影响。

为了使制造商和零售商在考虑消费者环境意识下获得最优决策和利润，假设相关参数为 $\varphi = 120$，$c_m = 80$，$c_r = 30$，$\Delta = 50$，$k = 100$，$\alpha = 0.3$，$p_e = 15$，$r = 40$，取消费者公平关切系数 $\lambda = 0$，将如上参数代入以上模型的最优决策和最优利润中，结果可以发现，当 $\beta = 0.67$ 时，s 降低至 0，在 $\beta \in [0, 1]$ 上代入数据可得到表 5.2。

表 5.2　消费者不同环保意识系数下闭环供应链均衡结果

模型	w	p	t	s	制造商利润	零售商利润	总利润	回收量
$\beta = 0$	100	110	15.156	0.2229	1600.78	106.259	1707.04	40.222
$\beta = 0.2$	100	110	15.109	0.1560	1705.38	104.706	1810.09	43.156
$\beta = 0.5$	100	110	15.039	0.0557	1862.55	101.854	1964.4	47.555
$\beta = 0.8$	100	110	14.968	—	2020.03	98.3778	2118.41	51.955
$\beta = 1$	100	110	14.922	—	2125.2	95.7129	2220.91	54.888

　　由表5.2可知，在零售商公平中性时固定制造商成本分担系数为0.3时不同消费者环保意识系数对供应链最优决策的影响，结果表明，消费者环保意识和参与回收活动不会影响零售商的零售价格和制造商的批发价格；消费者环保意识的提高会使得制造商利润和回收量增加、零售商利润减少。值得注意的是，当消费者的环保意识系数为0.8和1时，零售商的努力水平降低至负数，即在此条件下，当制造商的回收成本分担系数为0.3时，随着消费者环保意识的增强，回收量是增加的。不难理解，随着消费者环保意识的增强，零售商在同等或是更低的回收努力水平下，依旧可以回收到多数的废旧产品，故零售商不再加大对回收活动的努力水平来吸引更多的消费者，且零售商所需做的努力随着消费者的环保意识的增强而相应减少，如图5.2、图5.3、图5.4、图5.5所示。

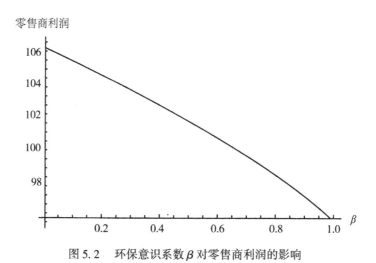

图5.2　环保意识系数 β 对零售商利润的影响

　　从图5.4可看出，消费者的环保意识对系统总利润而言呈正相关，即消费者对环境保护的关注度越高，供应链系统的总利润越高。

　　根据上述提示，需研究在同等条件下，制造商成本分担活动是否对供应链系统的最优决策及利润有所影响，故假设参数不变，固定 $\beta = 0.2$，研究制造商成本分担对供应链最优决策和利润的影响。

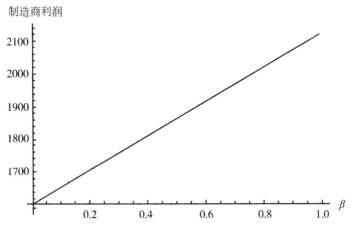

图 5.3　环保意识系数 β 对制造商利润的影响

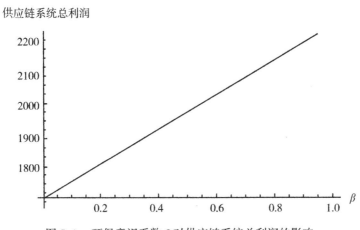

图 5.4　环保意识系数 β 对供应链系统总利润的影响

参数设置为 $\varphi = 120$, $c_m = 80$, $c_r = 30$, $\Delta = 50$, $k = 100$, $\beta = 0.2$, $p_e = 15$, $r = 40$, 取制造商成本分担系数为 $\alpha = 0$, 0.3, 0.6, 0.9, 1, 将如上参数代入以上模型的最优决策和最优利润中, 代入结果可知, 当 $\alpha = 0.594527$时, 供应链系统总利润随着成本分担系数的增加而降低, 这说明在此参数情况下, 当 $\alpha = 0.594527$时, 供应链系统总利润达到最高。代入其他取值可得到表 5.3 和图 5.6、图 5.7、图 5.8、图 5.9。

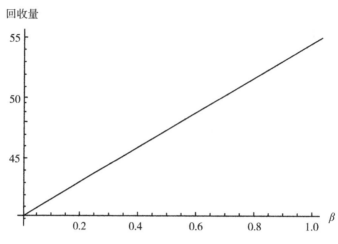

图 5.5　环保意识系数 β 对供应链回收量的影响

表 5.3　制造商不同成本分担系数下闭环供应链均衡结果

模型	w	p	t	s	制造商利润	零售商利润	总利润	回收量
$\alpha = 0$	100	110	11	—	1721	—	1657	39
$\alpha = 0.3$	100	110	15.1092	0.156051	1705.38	104.706	1810.09	43.156
$\alpha = 0.6$	100	110	15.1171	0.292763	1707.61	105.053	1812.66	43.292
$\alpha = 0.9$	100	110	15.034	0.340355	1710.22	101.469	1811.69	43.340
$\alpha = 1$	100	110	15	0.35	1711.13	100	1811.13	43.35

　　由表 5.3 可知，当零售商处于公平中立状态时，消费者环保意识不会影响零售商的零售价格和制造商的批发价格。结合表 5.2 可以看出，当零售商处于公平中性时，零售商的零售价和制造商的批发价与消费者的环境意识和制造商的成本分担系数无关。制造商对零售商的回购价格和零售商的利润先上升后下降，零售商的回收努力水平和回收量随着制造商成本分担系数的增大而增大；随着消费者环境意识提高，零售商向消费者支付的回收价格和回收努力水平降低，如图 5.6、图 5.7、图 5.8、图 5.9 所示。

　　从图 5.8、图 5.9 可以看出，制造商提高其成本分担比例对回收量和系统的总利润的增加有促进作用，但是就其本身而言，对其自身的利润不利(见图

供应链系统的总利润也随之增加。

同时分析在零售商公平关切时，制造商的成本分担比例和消费者的环保意识对供应链系统总利润的影响，假设此时零售商的公平关切系数为 0.005，将如上参数代入以上模型的供应链系统最优总利润和零售商效用中，可得到图 5.10、图 5.11。

由图 5.10 可看出，当零售商公平关切行为、制造商的成本分担行为和消费者的环保意识行为并存时，一定范围内能够提高供应链系统的总利润。

由图 5.11 可以看出，在考虑到零售商的公平关切行为和制造商的成本分担比例时，零售商的效用随消费者环保意识的增强而降低；由图 5.10 可以看出供应链系统的总利润增加，随着消费者环保意识的提高，废旧产品的回收量增加，制造商可以获得更多的废品进行再制造，这使得供应链系统的总利润增加。

表 5.4　零售商不同公平关切系数下闭环供应链均衡结果

模型	w	p	t	s	制造商利润	零售商利润	总利润	回收量
$\lambda = 0$	100	110	15.1092	0.156051	1705.38	104.706	1856.52	43.156
$\lambda = 0.001$	99.98	110	15.167	0.197281	2904.99	107.399	1857.97	43.197
$\lambda = 0.005$	99.901	110	15.3717	0.362164	1698.6	117.064	1863.4	43.362
$\lambda = 0.008$	99.8425	110	15.4982	0.485789	1695.22	123.157	1867.11	43.485
$\lambda = 0.01$	99.8039	110	15.5699	0.568186	1693.26	126.675	1869.4	43.568

从管理角度来看，零售商可以适当增加其自身的公平关切程度，这在一定程度上不论是对其自身的利润还是对供应链系统总利润以及回收量而言，均是有利的；但若是一味追求公平关系，对其自身及整个供应链系统都是不利的。

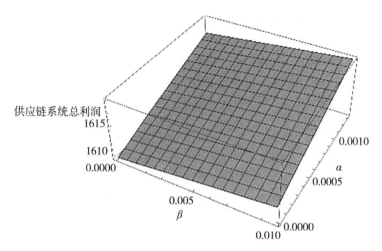

图 5.10　成本分担系数 α 和环保意识系数 β 对供应链系统总利润的影响

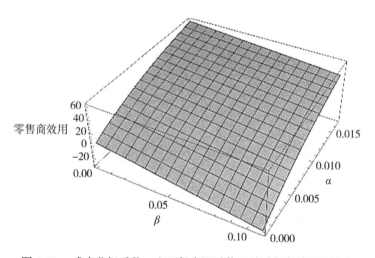

图 5.11　成本分担系数 α 和环保意识系数 β 对零售商效用的影响

5.6　本 章 小 结

　　基于博弈论的方法，本章研究了具有公平关切的零售商负责回收的闭环供应链系统，针对制造商成本分担下零售商公平中性与公平关切两种模型进行研究，研究了消费者的环保意识对最优决策的影响。

本章结合实际探讨了消费者环保意识对零售商给消费者的回购价格的正向影响，发现其对回收量有促进作用，从而确定了零售商的回收量函数，在Stackelberg博弈论的指导下，依次求解出供应链系统的最优决策和最优利润以及最优回收量。最后，通过数值分析，依次讨论了消费者的回收活动参与度、公平关切系数、成本分担系数、消费者环保意识系数分别对系统决策变量和利润的影响。

通过上述分析，得出结论：(1)无论零售商是否公平关切，消费者环保意识与回收活动参与度的提高，对回收量起到的一定是促进作用，对回购价格起抑制作用，且对供应链系统的总利润也是促进作用。(2)零售商的公平关切对其自身的利润与供应链系统总利润以及回收量起到促进作用，但是高于一定值时，对供应链系统是不利的。(3)在零售商公平关切下，消费者环保意识的增强有利于提高零售商的回收努力水平与回收量。(4)零售商公平中性下，消费者环保意识的增强不利于零售商的回收努力水平，但同样对回收量与制造商利润起促进作用。(5)相比零售商公平中性，零售商公平关切下的批发价格、制造商支付给零售商的转移价格、零售商回收努力水平和回收率均有所提高。计划行为理论认为，消费者增强环保意识可以有效提高其绿色环保行为，因此结合本章所得结论可以看出，对于供应链系统来说，消费者的高度环保意识和回收参与不仅有利于发展要求与节约环境资源，也有利于零售商和制造商顺利进行回收，尤其是在制造商进行回收成本共担的基础上，能够避免制造商的搭便车行为，减轻了零售商的一部分回收成本压力；此外，零售商的公平关切又使制造商主动降低批发价格来降低其对利润分配不均的关注度，进而激发了零售商的回收努力，达到回收量提升的目的，因而在制造商成本分担与零售商公平关切下两者能够实现共赢。

本章的研究仅考虑了零售商的公平关切，并未考虑到制造商在进行成本分担行为的同时是否具有公平关切行为以及零售商对制造商的研发制造成本的分担行为，也没有比较零售商与制造商的利润，因此，未来应朝着这个方向继续研究。

附　录

(5.5) 式的符号表示如下:

$$\begin{cases} C_1 = -\dfrac{1}{(2+(-2+k)\alpha)^2}16(-1+\alpha)\begin{pmatrix} r(-1+\alpha) \\ +(-1+\beta(-1+\alpha))p_e-\Delta \end{pmatrix} \\ \qquad\quad\begin{pmatrix} r+(-1+k)r\alpha+ \\ +(-1+\beta+(-1+k)\beta\alpha)p_e-\Delta \end{pmatrix} \\ C_2 = \dfrac{8(-1+\alpha)(r-r\alpha-\Delta+p_e+\beta\mu-\beta\alpha\mu)^2}{(2+(-2+k)\alpha)^2}+(c_m-\varphi) \\ C_3 = 4r^2(-1+\alpha)^2+(6+(-2+k)\alpha)c_m^2 \\ \qquad\quad +8r\begin{pmatrix} c_m+(-1+k)\alpha c_m \\ +(-1+\beta(-1+\alpha)^2+\alpha-k\alpha)p_e \\ +(-1+\alpha-k\alpha)c_r \end{pmatrix} \end{cases}$$

$$\begin{cases} C_4 = 4\begin{pmatrix} (1+\beta(-2+\beta-2(-1+k+\beta)\alpha+\beta\alpha^2))p_e^2 \\ -2(-1+\beta+(-1+k)\beta\alpha)p_ec_r+c_r^2 \end{pmatrix} \\ \qquad\quad +(2+(-2+k)\alpha)\varphi^2+c_m\begin{pmatrix} 8(-1+\beta+(-1+k)\beta\alpha)p_e-8c_r \\ -2(2+(-2+k)\alpha)\varphi \end{pmatrix} \end{cases}$$

$$\text{(A1)}$$

(5.10) 式的符号表示如下:

$$\begin{cases} A_1 = (-1+\alpha+(-1+\alpha+k\alpha)\lambda) \\ A_2 = (-1+\alpha+4(-1+\alpha)\lambda+(-3+(3+k)\alpha)\lambda^2) \\ A_3 = (-1+\beta)\lambda(2+\lambda)+\beta\alpha^2(1+\lambda+k\lambda)^2 \\ A_4 = (1+\lambda)(-1+k+2\beta+(-1+k+2(1+k)\beta)\lambda) \\ A_5 = (1+\lambda)^2-2\beta(1+(-1+k)\alpha)(1+\lambda)^2 \end{cases}$$

$$\text{(A2)}$$

$$\begin{cases}A_7 = (1 + \lambda - \alpha(1 + \lambda + k\lambda))\\[4pt]A_8 = (1 + \lambda)(-6(1 + \lambda) + \alpha(2 - k + 2\lambda))\\[4pt]A_9 = (1 + (-1 + k)\alpha)c_r(1 + \lambda)^2\\[4pt]\qquad + p_e\begin{pmatrix}-(1 + (-1 + k)\alpha)(1 + \lambda)^2\\+\beta(-1 + \alpha + (-1 + \alpha + k\alpha)\lambda)^2\end{pmatrix}\\[10pt]\qquad - (1 + (-1 + k)\alpha)(1 + \lambda)^2 c_m\\[4pt]A_{10} = (1 + \lambda)(-2(1 + \lambda) + \alpha(2 - k + 2\lambda))\varphi^2\\[4pt]A_{11} = (1 + \lambda)\begin{pmatrix}4(1 + \lambda)(p_e - \beta p_e - (-1 + k)\beta\alpha p_e + c_r)\\+ (2(1 + \lambda) + \alpha(k - 2(1 + \lambda)))\varphi\end{pmatrix}\end{cases} \qquad (\mathrm{A2})$$

$$\begin{cases}B_1 = \left((-1 + \alpha)\begin{pmatrix}c_m(1 + \lambda)\\+ r(-1 + \alpha + (-1 + \alpha + k\alpha)\lambda)\\+ p_e(-1 - \lambda + \beta(-1 + \alpha + (-1 + \alpha + k\alpha)\lambda))\\- (1 + \lambda)c_r\end{pmatrix}\right)^2\\[16pt]B_2 = (2(2(1 + \lambda) + \alpha(k - 2(1 + \lambda)))^2)\\[4pt]B_3 = (1 + \lambda)(r + (-1 + k)r\alpha + c_m + (-1 + \beta + (-1 + k)\beta\alpha)p_e - c_r)\\[4pt]\qquad r\begin{pmatrix}-1 + \alpha\\+ (-1 + \alpha + k\alpha)\lambda\end{pmatrix}^2\\[10pt]B_4 = c_m(-1 + \alpha + 4(-1 + \alpha)\lambda + (-3 + (3 + k)\alpha)\lambda^2)\\[4pt]B_5 = p_e(1 + \lambda)(1 + 3\lambda) + \beta(-1 + \alpha + (-1 + \alpha + k\alpha)\lambda)^2\\[4pt]\qquad - \alpha(1 + \lambda(4 + (3 + k)\lambda))\\[4pt]B_6 = c_r - (\alpha + 4(-1 + \alpha)\lambda + (-3 + (3 + k)\alpha)\lambda^2)c_r\\[4pt]B_7 = ((1 + 2\lambda)(2(1 + \lambda) + \alpha(k - 2(1 + \lambda)))^2)\\[4pt]\qquad + \dfrac{(1 + 4\lambda)(c_m - \varphi)^2}{16 + 32\lambda}\end{cases}$$

$$(\mathrm{A3})$$

79

第6章 考虑公平关切的混合回收渠道闭环供应链决策分析

6.1 引 言

自从 2003 年提出以来，闭环供应链这一概念被越来越广泛地提及，而目前我国在废弃物回收再制造方面，还未形成完整的体系。对于闭环供应链中的企业而言，若按照回收主体来划分，目前的回收方式主要是自主回收与委托回收，如制造商、零售商自身回收，或委托第三方进行回收，又或者采取混合渠道回收 —— 即同时采用多种回收方式等。虽然自主回收有利于企业增强回收环节的流程与质量控制，但由于制造商、零售商往往需将资源集中于自身的核心业务，自主进行回收就可能造成企业资源不集中，增大成本与管理难度等问题。一方面，委托第三方专门企业进行回收虽然有利于委托方企业开展核心业务，但也意味着委托方对回收环节的控制权将被削弱，无法对回收质量进行精准控制。因此，针对企业自身运营情况与不同回收产品的特点以混合回收渠道进行回收更有利于实现企业核心业务与回收环节之间的平衡。另一方面，在企业间的合作中，许多决策分析往往基于企业决策者为完全理性且无行为偏好的假设。但研究表明，人并不是总完全理性，可能存在多种行为偏好，如风险偏好、产品绿色度偏好、公平关切等。其中公平关切，即通过比较对方与己方的所得利益以判断是否合乎公平。现实中，这种行为偏好将影响企业的合作意愿、议价能力，在研究中考虑供应链成员的公平关切将更加符合实际情况。故而如何在供应链成员公平关切下选择合适的回收模式，提升闭环供应链效率，是一个有价值的研究方面，同时实现企业

80

利润与环境效益的增长。现有相关文献在研究混合回收渠道时，大多考虑单个主体回收的情况，较少考虑多个不同主体同时进行回收的情况，另外，现有文献在研究公平关切时，鲜有同时将混合回收渠道纳入探讨范围。本章在考虑回收竞争、多主体回收以及不同主体公平关切的基础上，重点研究不同模型中的定价决策问题。

6.2　模型描述与假设

6.2.1　模型假设

（1）假设制造商在供应链中占主导地位，决策顺序为：制造商首先制定最优决策，零售商和第三方再根据制造商的决策制定最优决策。

（2）假设新产品和再制造产品无差异，设需求函数为 $D = \varphi - bp$。其中 φ 表示新产品和再制造产品的市场容量，b 表示消费者对销售价格的敏感系数（$b > 0$）。

（3）假设在不同回收渠道模型中，假设再制造过程中的废旧产品均能制成再制造产品，即再制造率为1，其单位成本为 c_r。同时，再制造品的单位生产成本小于新产品，即 $c_n > c_r > 0$，$\Delta = c_n - c_r > 0$。再制造品以 w_r 的单位批发价格卖给零售商，由零售商进行销售。

（4）假设制造商以回收价格 A_m 直接回收，并委托零售商与第三方回收商分别以回收价格 A_r，A_t 回收，向其支付的单位转移价格亦为 A_m。为保证获利，令 $A_m > A_r$，A_t，不同回收渠道之间存在回收竞争，参考公彦德等（2020），假设制造商和零售商混合回收时（MR 模型），制造商和零售商的回收量分别为：$Q_m^{MR} = \theta A_m^{MR} - \delta A_r^{MR}$，$Q_r^{MR} = \theta A_r^{MR} - \delta A_m^{MR}$；制造商和第三方回收商混合回收时（MT 模型）制造商和第三方的回收量分别为：$Q_m^{MT} = \theta A_m^{MT} - \delta A_t^{MT}$，$Q_t^{MT} = \theta A_t^{MT} - \delta A_m^{MT}$；零售商和第三方混合回收时（RT 模型），零售商和第三方的回收量分别为：$Q_r^{RT} = \theta A_r^{RT} - \delta A_t^{RT}$，$Q_t^{RT} = \theta A_t^{RT} - \delta A_r^{RT}$。制造商、零售商、第三方回收商三者混合回收时（MRT 模型），回收量分别为：$Q_m^{MRT} = \theta A_m^{MRT} - \delta A_r^{MRT} -$

δA_t^{MRT}，$Q_r^{\text{MRT}} = \theta A_r^{\text{MRT}} - \delta A_m^{\text{MRT}} - \delta A_t^{\text{MRT}}$，$Q_t^{\text{MRT}} = \theta A_t^{\text{MRT}} - \delta A_m^{\text{MRT}} - \delta A_r^{\text{MRT}}$。其中上标 MR、MT、RT、MRT 分别表示不同回收渠道模式；θ 表示消费者对回收价格的敏感系数；δ 表示两个回收平台间同质废旧产品的回收价格竞争系数，其中 $\theta > 2\delta > 0$，$0 \leqslant \delta \leqslant 1$。

（5）假设零售商与第三方回收商具有公平偏好，追求效用的最大化，主要表现为自身利益与供应链主导者 —— 制造商利益之间的公平与否将会对零售商和第三方回收商的效用产生影响。引入利润参考比例系数 $h(0 < h < 1)$，第三方回收商将对与 h 相乘的制造商利润与自身对比，进行公平考量。假设零售商与第三方回收商的效用函数分别为 $U_r = \Pi_r - \lambda_r(\Pi_m - \Pi_r)$，$U_t = \Pi_t - \lambda_t(h\Pi_m - \Pi_t)$。其中 $\lambda_r(\lambda_r \geqslant 0)$、$\lambda_t(\lambda_t \geqslant 0)$ 分别表示零售商和第三方回收商的公平关切程度。

6.2.2　符号说明

性质	符　号	意　义
决策变量	p	产品的单位销售价格
	w	产品的单位批发价格
	$A_i^j(i = m, r, c; j = \text{MR}, \text{MT}, \text{RT})$	不同回收模式下回收方的回收价格
参数	$c_i(i = n, r)$	新产品或再制造产品的单位生产成本
	b	消费者对销售价格的敏感系数
	φ	产品的市场容量
	$Q_i^j(i = m, r, c; j = \text{MR}, \text{MT}, \text{RT})$	不同回收模式下回收方的回收量
	θ	消费者对回收价格的敏感系数
	δ	两个回收平台间的回收价格竞争系数
	$\lambda_i(i = r, t)$	决策者的公平关切程度
	h	利润参考比例系数

6.3 模型建立与均衡分析

6.3.1 MR 模型

构造一个由制造商、零售商组成的闭环供应链，由双方进行回收，制造商生产新产品与再制造产品、从消费市场回收废旧产品以及向零售商购买废旧产品；零售商销售新产品和再制造产品以及回收废旧产品。

决策顺序为：制造商首先根据市场预测确定产品批发价格 w^{MR}、面向市场及零售商的回收价格 A_m^{MR}，随后，零售商根据制造商的决策确定产品销售价格 p^{MR}、回收价格 A_r^{MR}。

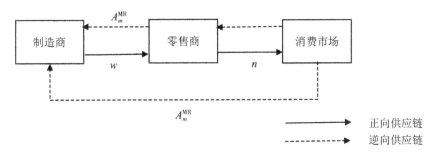

图 6.1 制造商和零售商混合回收模式

制造商总收益函数：

$$\Pi_m^{MR} = (w^{MR} - c_n) D + (\Delta - A_m^{MR}) (Q_m^{MR} + Q_r^{MR}) \tag{6.1}$$

零售商总收益函数：

$$\Pi_r^{MR} = (p^{MR} - w^{MR}) D + (A_m^{MR} - A_r^{MR}) Q_r^{MR} \tag{6.2}$$

零售商公平效用函数：

$$U_r^{MR} = \Pi_r^{MR} - \lambda_r (\Pi_m^{MR} - \Pi_r^{MR}) = (1 + \lambda) \Pi_r^{MR} - \lambda \Pi_m^{MR} \tag{6.3}$$

命题 6.1 MR 模式下，制造商、零售商存在博弈均衡解及最优利润如下：

$$p^{\mathrm{MR}*} = \frac{1}{4}\left(c_n + \frac{3\varphi}{b}\right)$$

$$w^{\mathrm{MR}*} = \frac{bc_n(1 + 3\lambda_r) + \varphi(1 + \lambda_r)}{2b(1 + 2\lambda_r)}$$

$$A_m^{\mathrm{MR}*} = \frac{\Delta[\delta(1 - \lambda_r) + \theta(3 + 5\lambda_r)]}{2\beta_1}$$

$$A_r^{\mathrm{MR}*} = \frac{\Delta[\delta^2 + \theta^2(3 + 2\lambda_r) + 2\delta\theta(2 + 3\lambda_r)]}{4\beta_1\theta}$$

$$Q_m^{\mathrm{MR}*} = -\frac{\Delta(\delta - \theta)[\delta^2 + 2\theta^2(3 + 5\lambda_r) + \delta\theta(5 + 6\lambda_r)]}{4\beta_1\theta}$$

$$Q_r^{\mathrm{MR}*} = \frac{\Delta(\delta - \theta)[\delta(2\lambda_r - 1) - \theta(3 + 2\lambda_r)]}{4\beta_1}$$

$$\Pi_m^{\mathrm{MR}*} = \frac{(1 + \lambda_r)\begin{bmatrix} -b\Delta^2(\delta - \theta) \\ (\delta + 3\theta)^2(1 + 2\lambda_r) \end{bmatrix} + \begin{pmatrix} b^2c_n^2\theta\beta_1 - 2bc_n\theta\beta_1\varphi \\ + \theta\beta_1\varphi^2 \end{pmatrix}}{8b\theta\beta_1(1 + 2\lambda_r)}$$

$$\Pi_r^{\mathrm{MR}*} = \frac{1}{16}\left(\frac{\Delta^2(\delta - \theta)^2[\delta - 2\delta\lambda_r + \theta(3 + 2\lambda_r)][\delta + \theta(3 + 8\lambda_r)]}{\beta_1^2\theta}\right.$$

$$\left. + \frac{(1 + 4\lambda_r)(\varphi - bc_n)^2}{b(1 + 2\lambda_r)}\right)$$

$$U_r^{\mathrm{MR}*} = \frac{(\lambda_r + 1)\begin{pmatrix} b^2c_n^2\theta\beta_1^2 - 2bc_n\theta\varphi\beta_1^2 \\ + b\Delta^2(\delta - \theta) \end{pmatrix}\begin{pmatrix} \delta^3 + \delta^2\theta(5 - 8(\lambda_r - 3)\lambda_r) \\ + \delta\theta^2(80\lambda_r(\lambda_r + 1) + 3) \\ \theta^3(8\lambda_r(7\lambda_r + 3) - 9) \end{pmatrix} + \theta\varphi^2\beta_1^2}{16b\beta_1^2\theta}$$

其中，$\beta_1 = \delta + \theta(4\lambda_r + 3)$。

证明： 运用逆推归纳法求解，由计算可知：

$$\frac{\partial^2 U_r^{\mathrm{MR}}}{\partial p^{\mathrm{MR}2}} = -2b(1 + \lambda_r) < 0, \quad \frac{\partial^2 U_r^{\mathrm{MR}}}{\partial A_r^{\mathrm{MR}2}} = -2\theta(1 + \lambda_r) < 0。$$ 通过令一阶偏导数

为零可分别求得零售商公平关切下的最优决策表达式，并将其代入 (6.1) 式中，由计算可知，

$$\frac{\partial^2 \Pi_r^{\mathrm{MR}}}{\partial w^{\mathrm{MR}2}} = -\frac{b(1 + 2\lambda_r)}{1 + \lambda_r} < 0, \quad \frac{\partial^2 \Pi_m^{\mathrm{MR}}}{\partial A_m^{\mathrm{MR}2}} = \frac{(\delta - \theta)(\delta + \theta(3 + 4\lambda_r))}{\theta(1 + \lambda_r)}。$$ 由于已知

$\theta > 2\delta > 0$,故 $\dfrac{\partial^2 \Pi_m^{MR}}{\partial A_m^{MR2}} < 0$。通过令一阶偏导数为零，可分别求得制造商的最优决策 w^{MR*}、A_m^{MR*}。将其代入零售商决策变量表达式中可求得零售商公平关切下的最优决策为 p^{MR*}、A_r^{MR*}。将所求代入制造商利润函数、零售商利润函数与效用函数即可求得最优利润与效用为 Π_m^{MR*}、Π_r^{MR*}、U_r^{MR*}，证毕。

性质 6.1 $\dfrac{\partial p^{MR*}}{\partial \lambda_r} = 0$，$\dfrac{\partial w^{MR*}}{\partial \lambda_r} < 0$，$\dfrac{\partial A_m^{MR*}}{\partial \lambda_r} > 0$，$\dfrac{\partial A_r^{MR*}}{\partial \lambda_r} < 0$，$\dfrac{\partial Q_m^{MR*}}{\partial \lambda_r} > 0$，

$\dfrac{\partial Q_r^{MR*}}{\partial \lambda_r} < 0$(按照回收价格分类)。

证明： $\dfrac{\partial w^{MR*}}{\partial \lambda_r} = \dfrac{bc_n - \varphi}{2b(1 + 2\lambda_r)^2}$，$\dfrac{\partial A_m^{MR*}}{\partial \lambda_r} = -\dfrac{\Delta(\delta - \theta)(\delta + 3\theta)}{2\beta_1^2}$，

$\dfrac{\partial A_r^{MR*}}{\partial \lambda_r} = \dfrac{\Delta(\delta - \theta)(\delta + 3\theta)}{2\beta_1^2}$，$\dfrac{\partial Q_m^{MR*}}{\partial \lambda_r} = -\dfrac{\Delta(\delta - \theta)(\delta + \theta)(\delta + 3\theta)}{2\beta_1^2}$，

$\dfrac{\partial Q_r^{MR*}}{\partial \lambda_r} = \dfrac{\Delta(\delta - \theta)(\delta + \theta)(\delta + 3\theta)}{2\beta_1^2}$，其中 $\beta_1 = \delta + \theta(4\lambda_r + 3)$。

已知 $\Delta > 0$，$\theta > 2\delta > 0$，$\lambda_r \geqslant 0$，$b > 0$，故可得 $\delta - \theta < 0$；且由 $D = \varphi - bp > 0$，$p > c_n$，可得 $\varphi > bc_n$，观察表达式即可判断正负，命题得证。

性质 6.1 说明，产品销售价格不受零售商公平关切系数 λ_r 的影响，因此，两类产品的销售量也不受影响，制造商的回收价格 A_m^{MR} 和回收量 Q_m^{MR} 随零售商公平关切系数 λ_r 的增大而增大；而产品的批发价格 w^{MR}、零售商回收价格 A_r^{MR}、回收量 Q_r^{MR} 随之减小。这是因为当 λ_r 增大时，零售商愈发关注己方与制造商的收益是否公平。此时，零售商对与制造商的合作意愿下降，从而导致零售商回收价格与回收量的下降。另外，制造商为了提高零售商与其进行合作的意愿，降低新产品及再制造产品的批发价格，提高回收价格，以此来激励零售商。

性质 6.2 $\dfrac{\partial \Pi_m^{MR*}}{\partial \lambda_r} < 0$，$\dfrac{\partial U_r^{MR*}}{\partial \lambda_r} > 0$。当 $\lambda_r \in \left(0, \dfrac{-\delta^2 - 2\delta\theta + 3\theta^2}{12\delta\theta + 4\theta^2}\right)$ 时，

$\dfrac{\partial \Pi_r^{MR*}}{\partial \lambda_r} > 0$；当 $\lambda_r \in \left(\dfrac{-\delta^2 - 2\delta\theta + 3\theta^2}{12\delta\theta + 4\theta^2}, +\infty\right)$ 且

$$\Delta > \left(\sqrt{\frac{\theta\beta_1^3\,(-bc_n+\varphi)^2}{b\,(\delta-\theta)^2(\delta+3\theta)(1+2\lambda_r)^2\begin{pmatrix}\delta^2+\theta^2(-3+4\lambda_r)\\+2\delta(\theta+6\theta\lambda_r)\end{pmatrix}}}\,,\ +\infty \right)$$

时，$\dfrac{\partial\Pi_r^{MR*}}{\partial\lambda_r} < 0$。

其中，$\alpha = \delta^2 + \theta^2(-3+4\lambda_r) + 2\delta(\theta+6\theta\lambda_r)$，$\beta_1 = \delta + \theta(4\lambda_r+3)$。

证明：

$$\frac{\partial\Pi_m^{MR*}}{\partial\lambda_r} = -\frac{\dfrac{\Delta^2(\delta-\theta)^2(\delta+3\theta)^2(1+2\lambda_r)^2}{\theta\beta_1^2}+\dfrac{(\varphi-bc_n)^2}{b}}{8\,(1+2\lambda_r)^2}$$

$$\frac{\partial\Pi_r^{MR*}}{\partial\lambda_r} = \frac{1}{8}\left(-\frac{\Delta^2\alpha(\delta-\theta)^2(\delta+3\theta)}{\theta\beta_1^3} + \frac{(-bc_n+\varphi)^2}{b\,(1+2\lambda_r)^2} \right)$$

$$\frac{\partial U_r^{MR*}}{\partial\lambda_r} = \frac{(\varphi-bc_n)^2}{16b} + \frac{\Delta^2(\delta-\theta)}{16\theta\beta_1^3}$$

$$\frac{\begin{pmatrix}\delta^4+4\delta^3\theta(\lambda_r(7-6\lambda_r)+6)+2\delta^2\theta^2\left(2\lambda_r\begin{pmatrix}-8\lambda_r^2+42\lambda_r\\+75\end{pmatrix}+65\right)\\+4\delta\theta^3(\lambda_r(80\lambda_r^2+222\lambda_r+197)+60)\\+\theta^4(28\lambda_r(2\lambda_r(4\lambda_r+9)+15)+117)\end{pmatrix}}{16\theta\beta_1^3}$$

已知 $\lambda_r \geqslant 0$，$0 \leqslant \delta \leqslant 1$，$\theta > 2\delta > 0$，$c_n > c_r > 0$，$\Delta > 0$，$b > 0$，且由性质 6.1 得 $\varphi > bc_n$ 成立。对于 $\dfrac{\partial\Pi_m^{MR*}}{\partial\lambda_r}$，通过观察其表达式可知各项均大于零，则可判断出 $\dfrac{\partial\Pi_m^{MR*}}{\partial\lambda_r} < 0$；对于 $\dfrac{\partial\Pi_r^{MR*}}{\partial\lambda_r}$，通过观察可知其表达式中除 α 外，其余式子皆大于零，那么，讨论 α 的取值即可判断正负。当 $\alpha < 0$，即 $\delta^2 + \theta^2(-3+4\lambda_r) + 2\delta(\theta+6\theta\lambda_r) < 0$ 时，$\dfrac{\partial\Pi_r^{MR*}}{\partial\lambda_r}$ 中各项均为正，此时 $\dfrac{\partial\Pi_r^{MR*}}{\partial\lambda_r} > 0$。求得：$\lambda_r < \dfrac{-\delta^2-2\delta\theta+3\theta^2}{12\delta\theta+4\theta^2}$。当 $\alpha > 0$，即 $\delta^2 + \theta^2(-3+4\lambda_r) +$

$2\delta(\theta + 6\theta\lambda_r) > 0$ 时，分别讨论 $\dfrac{\partial\Pi_r^{MR*}}{\partial\lambda_r}$ 大于零或小于零的情况，求得当 $\lambda_r \in$

$\left(\dfrac{-\delta^2 - 2\delta\theta + 3\theta^2}{12\delta\theta + 4\theta^2},\ +\infty\right)$ 且

$$\Delta > \left(\sqrt{\dfrac{\theta\beta_1^3\,(-bc_n + \varphi)^2}{b\,(\delta - \theta)^2(\delta + 3\theta)(1 + 2\lambda_r)^2\begin{pmatrix}\delta^2 + \theta^2(-3 + 4\lambda_r)\\ + 2\delta(\theta + 6\theta\lambda_r)\end{pmatrix}}},\ +\infty\right)$$

时，$\dfrac{\partial\Pi_r^{MR*}}{\partial\lambda_r} < 0$；而此时 $\dfrac{\partial\Pi_r^{MR*}}{\partial\lambda_r} > 0$ 无实数解。故命题得证。

性质 6.2 说明，随着零售商公平关切系数 λ_r 的增大，制造商利润 Π_m^{MR} 减小，零售商效用 U_r^{MR} 增大；当 $\lambda_r \in \left(0, \dfrac{-\delta^2 - 2\delta\theta + 3\theta^2}{12\delta\theta + 4\theta^2}\right)$ 时，零售商利润也随之增大，但当 $\lambda_r \in \left(\dfrac{-\delta^2 - 2\delta\theta + 3\theta^2}{12\delta\theta + 4\theta^2},\ +\infty\right)$，且

$$\Delta \in \left(\sqrt{\dfrac{\theta\beta_1^3\,(-bc_n + \varphi)^2}{b\,(\delta - \theta)^2(\delta + 3\theta)(1 + 2\lambda_r)^2\begin{pmatrix}\delta^2 + \theta^2(-3 + 4\lambda_r)\\ + 2\delta(\theta + 6\theta\lambda_r)\end{pmatrix}}},\ +\infty\right)$$

时，零售商利润将随着 λ_r 的增大而减小。结合性质 1，这种现象出现的原因是当零售商的公平关切程度增大时，公平中性的制造商为了提高零售商的积极性，将降低新产品、再制造产品的批发价格，同时提高废旧产品的回收价格以让利于零售商，故制造商的利润下降，而零售商利润上升。但当零售商的公平关切程度上升到一定范围以后，由于对公平过于关注，零售商销售、回收的积极性将越来越难以调动，故造成零售商利润降低。

6.3.2 MT 模型

构造一个由制造商、零售商、第三方回收商组成的闭环供应链，由制造商和第三方回收，零售商与第三方回收商均公平关切，制造商占主导地位，零售商与第三方为跟随者。

决策顺序为：制造商首先根据市场预测确定产品的批发价格 w^{MT}、面向市

场及零售商的回收价格 A_m^{MT}。随后，零售商根据制造商的决策确定产品销售价格 p^{MT}；同时第三方回收商根据制造商的决策确定回收价格 A_t^{MT}。

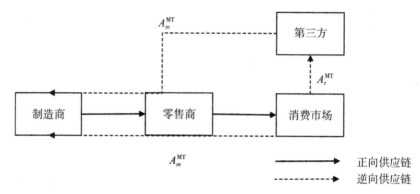

图 6.2　制造商和第三方回收商混合回收模式

制造商收益函数：
$$\Pi_m^{MT} = (w^{MT} - c_n) D_n + (\Delta - A_m^{MT})(Q_m^{MT} + Q_t^{MT}) \tag{6.4}$$

零售商收益函数：
$$\Pi_r^{MT} = (p^{MT} - w^{MT}) D \tag{6.5}$$

第三方回收商收益函数：
$$\Pi_t^{MT} = Q_t^{MT}(A_m^{MT} - A_t^{MT}) \tag{6.6}$$

零售商公平关切效用函数：
$$U_r^{MT} = \Pi_r^{MT} - \lambda_r(\Pi_m^{MT} - \Pi_r^{MT}) = (1 + \lambda_r)\Pi_r^{MT} - \lambda_r \Pi_m^{MT} \tag{6.7}$$

第三方回收商公平关切效用函数：
$$U_t^{MT} = \Pi_t^{MT} - \lambda_t(h\Pi_m^{MT} - \Pi_t^{MT}) = (1 + \lambda_t)\Pi_t^{MT} - h\lambda_t \Pi_{mr}^{MT} \tag{6.8}$$

命题 6.2　逆推归纳法求得均衡解如下：

$$p^{MT*} = p^{MR*} = \frac{1}{4}\left(c_n + \frac{3\varphi}{b}\right)$$

$$w^{MT*} = w^{MR*} = \frac{bc_n(1 + 3\lambda_r) + \varphi(1 + \lambda_r)}{2b(1 + 2\lambda_r)}$$

$$A_m^{MT*} = \frac{\Delta(\delta - \delta\lambda_t + \theta(3 + 5\lambda_t))}{2\beta_2}$$

$$A_t^{MT*} = \frac{\Delta(\delta^2 + \theta^2(3 + 2\lambda_t) + 2\delta\theta(2 + 3\lambda_t))}{4\theta\beta_2}$$

$$Q_m^{\mathrm{MT}*} = -\frac{\Delta(\delta-\theta)(\delta^2+2\theta^2(3+5\lambda_t)+\delta\theta(5+6\lambda_t))}{4\theta\beta_2}$$

$$Q_t^{\mathrm{MT}*} = \frac{\Delta(\delta-\theta)(\delta(2\lambda_t-1)-\theta(3+2\lambda_t))}{4\beta_2}$$

$$\Pi_m^{\mathrm{MT}*} = \frac{1}{16}\left(-\frac{2\Delta^2(\delta-\theta)(\delta+3\theta)^2(1+\lambda_t)}{\theta\beta_2}+\frac{3(-bc_n+\varphi)^2}{b}\right)$$

$$\Pi_r^{\mathrm{MT}*} = \frac{(1+4\lambda_r)(-bc_n+\varphi)^2}{16b(1+2\lambda_r)}$$

$$\Pi_t^{\mathrm{MT}*} = \frac{\Delta^2(\delta-\theta)^2(\delta-2\delta\lambda_t+\theta(3+2\lambda_t))(\delta+\theta(3+8\lambda_t))}{16\theta\beta_2^2}$$

$$U_r^{\mathrm{MT}*} = -\frac{[2\lambda_r(\lambda_r-1)-1]\left(bc_n^2-2c_n\varphi+\dfrac{\varphi^2}{b}\right)}{16(1+2\lambda_r)}$$

$$+\frac{\dfrac{2\Delta^2(\theta-\delta)(\delta+3\theta)^2\lambda_r(1+2\lambda_r)(1+\lambda_t)}{\theta\beta_2}}{16(1+2\lambda_r)}$$

$$U_t^{\mathrm{MT}*} = \frac{1}{16}\left(\begin{array}{l}\dfrac{\Delta^2(\delta-\theta)^2(1+\lambda_t)(\delta-2\delta\lambda_t+\theta(3+2\lambda_t))}{\theta\beta_2^2}\\[4pt]\dfrac{(\delta+\theta(3+8\lambda_t))}{}\\[6pt]-h\lambda_t\left(-\dfrac{2\Delta^2(\delta-\theta)(\delta+3\theta)^2(1+\lambda_t)}{\theta\beta_2}+\dfrac{3(-bc_n+\varphi)^2}{b}\right)\end{array}\right)$$

其中，$\beta_2 = \delta+\theta(4\lambda_t+3)$，$\mu = -c_n+c_r\varepsilon+\varphi_n$，$\gamma = c_n\varepsilon-c_r+\varphi_r$，$\eta = \delta+\theta(3+4\lambda_t)$。

证明：过程与命题 6.1 相似，故省略。

性质 6.3　$\dfrac{\partial w^{\mathrm{MT}*}}{\partial\lambda_r}<0$，$\dfrac{\partial A_m^{\mathrm{MT}*}}{\partial\lambda_t}>0$，$\dfrac{\partial A_t^{\mathrm{MT}*}}{\partial\lambda_t}<0$，$\dfrac{\partial Q_m^{\mathrm{MT}*}}{\partial\lambda_t}>0$，$\dfrac{\partial Q_t^{\mathrm{MT}*}}{\partial\lambda_t}<0$

证明：

$$\frac{\partial w^{\mathrm{MT}*}}{\partial\lambda_r} = \frac{bc_n-\varphi}{2b(1+2\lambda_r)^2},\quad \frac{\partial A_m^{\mathrm{MT}*}}{\partial\lambda_t} = -\frac{\Delta(\delta-\theta)(\delta+3\theta)}{2(\delta+\theta(3+4\lambda_t))^2},$$

$$\frac{\partial A_m^{MT*}}{\partial \lambda_t} = \frac{\Delta(\delta - \theta)(\delta + 3\theta)}{2(\delta + \theta(3 + 4\lambda_t))^2}, \frac{\partial Q_m^{MT*}}{\partial \lambda_t} = -\frac{\Delta(\delta - \theta)(\delta + \theta)(\delta + 3\theta)}{2(\delta + \theta(3 + 4\lambda_t))^2},$$

$$\frac{\partial Q_t^{MT*}}{\partial \lambda_t} = \frac{\Delta(\delta - \theta)(\delta + \theta)(\delta + 3\theta)}{2(\delta + \theta(3 + 4\lambda_t))^2}。$$

已知 $\Delta > 0$，$\theta > 2\delta > 0$，$\lambda_t \geqslant 0$，$\lambda_r \geqslant 0$，$b > 0$，且由性质1，可知 $\varphi > bc_n$；则可判断表达式各项的正负情况，故命题得证。

性质 6.3 说明，MT 模型与 MR 模型的情况类似，制造商回收价格 A_m^{MT}、回收量 Q_m^{MT} 与第三方回收商公平关切系数 λ_t 正相关；而第三方回收商的回收价格 A_t^{MT}、回收量 Q_t^{MT} 以及新产品、再制造产品批发价格 w^{MT} 与 λ_t 呈负相关。

性质 6.4 $\dfrac{\partial \Pi_m^{MT*}}{\partial \lambda_r} = 0, \dfrac{\partial \Pi_m^{MT*}}{\partial \lambda_t} < 0, \dfrac{\partial \Pi_r^{MT*}}{\partial \lambda_r} > 0, \dfrac{\partial \Pi_r^{MT*}}{\partial \lambda_t} = 0, \dfrac{\partial U_r^{MT*}}{\partial \lambda_r} > 0;$

$\dfrac{\partial U_r^{MT*}}{\partial \lambda_t} < 0, \dfrac{\partial U_t^{MT*}}{\partial \lambda_r} > 0; \dfrac{\partial U_t^{MT*}}{\partial \lambda_t} = 0, \dfrac{\partial U_t^{MT*}}{\partial \lambda_t} > 0。$

证明：

$$\frac{\partial \Pi_m^{MT*}}{\partial \lambda_t} = -\frac{\Delta^2(\delta - \theta)^2(\delta + 3\theta)^2}{8\theta(\delta + \theta(3 + 4\lambda_t))^2}$$

$$\frac{\partial \Pi_r^{MT*}}{\partial \lambda_r} = \frac{(-bc_n + \varphi)^2}{8b(1 + 2\lambda_r)^2},$$

$$\frac{\partial \Pi_t^{MT*}}{\partial \lambda_t} = -\frac{\Delta^2(\delta - \theta)^2(\delta + 3\theta)(\delta^2 + \theta^2(-3 + 4\lambda_t) + 2\delta(\theta + 6\theta\lambda_t))}{8\theta(\delta + \theta(3 + 4\lambda_t))^3}$$

$$\frac{\partial U_r^{MT*}}{\partial \lambda_r} = \frac{\lambda_r(1 + \lambda_r)(4\varphi c_n - 2bc_n^2)}{8(1 + 2\lambda_r)^2}$$

$$+ \frac{\dfrac{\Delta^2(\delta - \theta)(\delta + 3\theta)^2(1 + 2\lambda_r)^2(1 + \lambda_t)}{\theta(\delta + \theta(3 + 4\lambda_t))} - \dfrac{2\lambda_r(1 + \lambda_r)\varphi^2}{b}}{8(1 + 2\lambda_r)^2}$$

$$\frac{\partial U_r^{MT*}}{\partial \lambda_t} = \frac{\Delta^2(\delta - \theta)^2(\delta + 3\theta)^2\lambda_r}{8\theta(\delta + \theta(3 + 4\lambda_t))^2}$$

$$h(\delta + \theta(4\lambda_t + 3))^2(2b\Delta^2(\lambda_t + 1)(\delta - \theta)(\delta + 3\theta)^2$$

$$3\theta(\varphi - bc_n)^2(\delta + \theta(4\lambda_t + 3))) - 2b\Delta^2(\lambda_t + 1)$$

$$(\delta - \theta)^3(\delta + \theta(4\lambda_t + 3))(\delta + \theta(8\lambda_t + 3))$$

$$+ 8b\Delta^2\theta(\lambda_t + 1)(\delta - \theta)^2(-2\delta\lambda_t + \delta + \theta(2\lambda_t + 3))$$

$$(\delta + \theta(4\lambda_t + 3)) - 8b\Delta^2\theta(\lambda_t + 1)(\delta - \theta)^2(-2\delta\lambda_t + \delta$$

$$+ \theta(2\lambda_t + 3))(\delta + \theta(8\lambda_t + 3)) + b\Delta^2(\delta - \theta)^2$$

$$(-2\delta\lambda_t + \delta + \theta(2\lambda_t + 3))(\delta + \theta(4\lambda_t + 3))$$

$$(\delta + \theta(8\lambda_t + 3)) + 2b\Delta^2\lambda_t h(\delta + 3\theta)^2(\delta - \theta)^2)$$

$$\frac{\partial U_t^{MT*}}{\partial \lambda_t} = \frac{(\delta + \theta(4\lambda_t + 3))}{16b\theta(\delta + \theta(4\lambda_t + 3))^3}$$

已知 $\Delta > 0$，$\theta > 2\delta > 0$，$\lambda_t \geqslant 0$，$\lambda_r \geqslant 0$，$b > 0$，$\varphi > bc_n$。易知$\frac{\partial \Pi_m^{MT*}}{\partial \lambda_t}$，$\frac{\partial \Pi_r^{MT*}}{\partial \lambda_t}$，$\frac{\partial \Pi_r^{MT*}}{\partial \lambda_r}$ 表达式中各项均为正，则其正负即可判断。对于$\frac{\partial \Pi_t^{MT*}}{\partial \lambda_t}$，$\frac{\partial \Pi_r^{MT*}}{\partial \lambda_r}$，$\frac{\partial \Pi_t^{MT*}}{\partial \lambda_t}$ 而言，由于通过表达式难以判断正负关系，故取 $\theta = 0.6$，$\delta = 0.2$，$\Delta = 10$，$c_n = 26$，$c_r = 16$，$\varphi = 25$，$b = 2$，通过数值分析（见图 6.3）进行观察判断。

由图 6.3 可知，第三方利润与效用随着第三方公平关切系数的增大而增大，零售商效用随着零售商公平关切系数的增大而减小，故 $\frac{\partial \Pi_t^{MT*}}{\partial \lambda_t} > 0$，$\frac{\partial \Pi_r^{MT*}}{\partial \lambda_r} < 0$，$\frac{\partial \Pi_t^{MT*}}{\partial \lambda_t} > 0$，证毕。

性质 6.4 说明，在 MT 模型中，随着零售商公平关切程度增大，零售商利润随之增大，而零售商效用却将随之减小；且可以发现制造商利润以及第三方效用均不受零售商公平关切系数影响。而对于第三方公平关切系数而言，随着其不断增大，制造商利润、零售商效用以及第三方效用将随之增大。

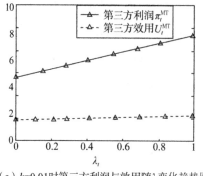 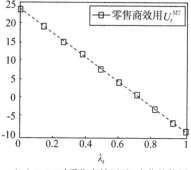

（a）h=0.01时第三方利润与效用随λ_t变化趋势图　　　（b）λ=0.5时零售商效用随λ_t变化趋势图

图6.3　第三方利润、效用与零售商效用变化趋势图

6.3.3　RT 模型

构造一个由制造商、零售商、第三方回收商组成的闭环供应链，由零售商与第三方进行回收，制造商占主导地位，零售商与第三方为跟随者。

决策顺序为：制造商首先根据市场预测确定产品的批发价格 w^{RT}、面向市场及零售商、第三方的回收价格 A_m^{RT}，随后，零售商根据制造商的决策确定产品销售价格 p^{RT}、回收价格 A_r^{RT}；同时第三方回收商根据制造商的决策决定回收价格 A_t^{RT}。

制造商收益函数：
$$\Pi_m^{RT} = (w^{RT} - c_n) D + (\Delta - A_m^{RT}) (Q_t^{RT} + Q_r^{RT}) \tag{6.9}$$

零售商收益函数：
$$\Pi_r^{RT} = (p^{RT} - w^{RT}) D + Q_r^{RT} (A_m^{RT} - A_r^{RT}) \tag{6.10}$$

第三方回收商收益函数：
$$\Pi_t^{RT} = Q_t^{RT} (A_m^{RT} - A_t^{RT}) \tag{6.11}$$

零售商公平关切效用函数：
$$U_r^{RT} = \Pi_r^{RT} - \lambda_r (\Pi_m^{RT} - \Pi_r^{RT}) = (1 + \lambda_r) \Pi_r^{RT} - \lambda_r \Pi_m^{RT} \tag{6.12}$$

第三方回收商公平关切效用函数：
$$U_t^{RT} = \Pi_t^{RT} - \lambda_t (h\Pi_m^{RT} - \Pi_t^{RT}) = (1 + \lambda_t) \Pi_t^{RT} - h\lambda_t \Pi_m^{RT} \tag{6.13}$$

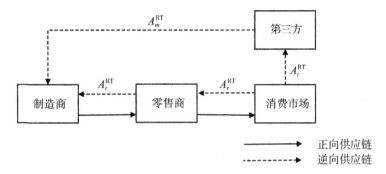

图 6.4　零售商和第三方回收商混合回收模式

命题 6.3　根据逆推归纳法求得均衡解如下：

$$p^{\mathrm{RT}*} = p^{\mathrm{MT}*} = p^{\mathrm{MR}*} = \frac{1}{4}\left(c_n + \frac{3\varphi}{b}\right)$$

$$w^{\mathrm{RT}*} = w^{\mathrm{MT}*} = w^{\mathrm{MR}*} = \frac{bc_n(1 + 3\lambda_r) + \varphi(1 + \lambda_r)}{2b(1 + 2\lambda_r)}$$

$$A_m^{\mathrm{RT}*} = \frac{\Delta(\delta\alpha_1 - \theta(1 + 2\lambda_t + \lambda_r(2 + 3\lambda_t)))}{\delta\alpha_1 - \theta\alpha_2}$$

$$A_t^{\mathrm{RT}*} = \frac{\Delta\theta(-\delta^2(1 + \lambda_r)\lambda_t + 2\theta^2(1 + 2\lambda_r)(1 + \lambda_t) + \delta\theta(1 - \lambda_r + 2\lambda_t))}{(\delta^2 - 4\theta^2)(\delta\alpha_1 - \theta\alpha_2)}$$

$$A_r^{\mathrm{RT}*} = \frac{\Delta\theta(\delta\theta(1 + 2\lambda_r - \lambda_t) - \delta^2\lambda_r(1 + \lambda_t) + 2\theta^2(1 + \lambda_r)(1 + 2\lambda_t))}{(\delta^2 - 4\theta^2)(\delta\alpha_1 - \theta\alpha_2)}$$

$$\Pi_m^{\mathrm{RT}*} = \frac{(\lambda_r + 1)\begin{pmatrix} b^2 c_n^2(\delta - 2\theta)(\delta\alpha_1 - \theta(4\lambda_r\lambda_t + 3\lambda_r + 3\lambda_t + 2)) \\ - 2bc_n\varphi(\delta - 2\theta)(\delta\alpha_1 - \theta(4\lambda_r\lambda_t + 3\lambda_r + 3\lambda_t + 2)) \\ - 8b\Delta^2\theta^2(2\lambda_r + 1)(\lambda_t + 1)(\delta - \theta) \\ + \varphi^2(\delta - 2\theta)(\delta\alpha_1 - \theta(4\lambda_r\lambda_t + 3\lambda_r + 3\lambda_t + 2)) \end{pmatrix}}{8b(\delta - 2\theta)(1 + 2\lambda_r)(\delta\alpha_1 - \theta\alpha_2)}$$

$$\Pi_r^{\mathrm{RT}*} = \frac{\Delta^2(\delta - \theta)^2\theta(\delta^2(1 + \lambda_r)\lambda_t - \delta\theta(1 + \lambda_t) - 2\theta^2(1 + \lambda_r)(1 + 2\lambda_t))(-\delta\theta(1 + \lambda_t) + \delta^2\alpha_1 - 2\theta^2\alpha_2)}{(\delta^2 - 4\theta^2)^2(\delta\alpha_1 - \theta\alpha_2)^2}$$

$$+\frac{(1+4\lambda_r)(-bc_n+\varphi)^2}{16b(1+2\lambda_r)}$$

$$\Pi_t^{\mathrm{RT}*}=\frac{(1+\lambda_t))(-\delta\theta(1+\lambda_r)+\delta^2\alpha_1-2\theta^2(1+3\lambda_t+\lambda_r(2+4\lambda_t)))}{(\delta^2-4\theta^2)^2(\delta\alpha_1-\theta\alpha_2)^2}$$

$$U_r^{\mathrm{RT}*}=\frac{1}{16}(\lambda_r+1)$$

$$\left(\begin{array}{l}\dfrac{bc_n^2(4\lambda_r+1)}{2\lambda_r+1}-\dfrac{2bc_n^2\lambda_r}{2\lambda_r+1}+\dfrac{\varphi^2}{b}-2c_n\varphi\\[3mm]+\dfrac{\left(\begin{array}{l}16\Delta^2\theta(\delta-\theta)^2(\delta^2(\lambda_r+1)\lambda_t-\delta\theta(\lambda_t+1)-2\theta^2(\lambda_r+1)\\(2\lambda_t+1))(\delta^2\alpha_1-\delta\theta(\lambda_t+1)-2\theta^2(\lambda_r(4\lambda_t+3)+2\lambda_t+1))\end{array}\right)}{(\delta^2-4\theta^2)^2(\delta\alpha_1-\theta\alpha_2)^2}\\[5mm]+\dfrac{16\Delta^2\theta^2\lambda_r(\lambda_t+1)(\delta-\theta)}{(\delta-2\theta)(\delta\alpha_1-\theta\alpha_2)}\end{array}\right)$$

$$U_t^{\mathrm{RT}*}=\frac{\Delta^2\theta(\lambda_t+1)(\delta-\theta)^2\left(\begin{array}{l}\delta^2\lambda_r(\lambda_t+1)-\delta\theta(\lambda_r+1)\\-2\theta^2(2\lambda_r+1)(\lambda_t+1)\end{array}\right)}{(\delta^2-4\theta^2)^2(\delta\alpha_1-\theta\alpha_2)^2}$$

$$\hspace{2cm}(\delta^2\alpha-\delta\theta(\lambda_r+1)-2\theta^2(\lambda_r(4\lambda_t+2)+3\lambda_t+1))$$

$$-h\lambda_t\left(\frac{(4\lambda_r+1)(\varphi-bc_n)^2}{16(2b\lambda_r+b)}\right.$$

$$\frac{\Delta^2\theta(\delta-\theta)^2(\delta^2(\lambda_r+1)\lambda_t-\delta\theta(\lambda_t+1)-2\theta^2(\lambda_r+1)(2\lambda_t+1))}{}$$

$$\left.+\frac{(\delta\alpha_1-\delta\theta(\lambda_t+1)-2\theta^2(\lambda_r(4\lambda_t+3)+2\lambda_t+1))}{(\delta^2-4\theta^2)^2(\delta\alpha_1-\theta\alpha_2)^2}\right)$$

其中，$\alpha_1=\lambda_r+\lambda_t+2\lambda_r\lambda_t$，$\alpha_2=2+3\lambda_t+\lambda_r(3+4\lambda_t)$。

证明： 过程与命题 6.1 相似，故省略。

性质 6.5　$\dfrac{\partial A_m^{\mathrm{RT}*}}{\partial\lambda_r}>0$，$\dfrac{\partial A_m^{\mathrm{RT}*}}{\partial\lambda_t}>0$；$\dfrac{\partial A_r^{\mathrm{RT}*}}{\partial\lambda_r}<0$，$\dfrac{\partial A_r^{\mathrm{RT}*}}{\partial\lambda_t}>0$；$\dfrac{\partial A_t^{\mathrm{RT}*}}{\partial\lambda_r}>0$，

$$\frac{\partial A_t^{RT*}}{\partial \lambda_t} < 0。$$

证明：

$$\frac{\partial A_m^{RT*}}{\partial \lambda_t} = -\frac{\Delta(\delta - \theta)\theta(1 + \lambda_r)^2}{(\delta(\lambda_r + \lambda_t + 2\lambda_r\lambda_t) - \theta(2 + 3\lambda_t + \lambda_r(3 + 4\lambda_t)))^2}$$

$$\frac{\partial A_m^{RT*}}{\partial \lambda_r} = -\frac{\Delta(\delta - \theta)\theta(1 + \lambda_t)^2}{(\delta(\lambda_r + \lambda_t + 2\lambda_r\lambda_t) - \theta(2 + 3\lambda_t + \lambda_r(3 + 4\lambda_t)))^2}$$

$$\frac{\partial A_r^{RT*}}{\partial \lambda_r} = -\frac{\Delta(\delta - \theta)\theta(1 + \lambda_t)(\delta\lambda_t - \theta(1 + 2\lambda_t))}{(\delta + 2\theta)(\delta(\lambda_r + \lambda_t + 2\lambda_r\lambda_t) - \theta(2 + 3\lambda_t + \lambda_r(3 + 4\lambda_t)))^2}$$

$$\frac{\partial A_r^{RT*}}{\partial \lambda_t} = \frac{\Delta(\delta - \theta)\theta(1 + \lambda_r)(\delta\lambda_r - \theta(1 + 2\lambda_r))}{(\delta + 2\theta)(\delta(\lambda_r + \lambda_t + 2\lambda_r\lambda_t) - \theta(2 + 3\lambda_t + \lambda_r(3 + 4\lambda_t)))^2}$$

$$\frac{\partial A_t^{RT*}}{\partial \lambda_r} = \frac{\Delta(\delta - \theta)\theta(1 + \lambda_t)(\delta\lambda_t - \theta(1 + 2\lambda_t))}{(\delta + 2\theta)(\delta(\lambda_r + \lambda_t + 2\lambda_r\lambda_t) - \theta(2 + 3\lambda_t + \lambda_r(3 + 4\lambda_t)))^2}$$

$$\frac{\partial A_t^{RT*}}{\partial \lambda_t} = -\frac{\Delta(\delta - \theta)\theta(1 + \lambda_r)(\delta\lambda_r - \theta(1 + 2\lambda_r))}{(\delta + 2\theta)(\delta(\lambda_r + \lambda_t + 2\lambda_r\lambda_t) - \theta(2 + 3\lambda_t + \lambda_r(3 + 4\lambda_t)))^2}$$

已知 $\Delta > 0, \theta > 2\delta > 0, \lambda_t \geqslant 0, \lambda_r \geqslant 0, b > 0, \varphi > bc_n$，通过观察即可判断各偏导数正负情况。对于 $\dfrac{\partial A_r^{RT*}}{\partial \lambda_t}$ 与 $\dfrac{\partial A_t^{RT*}}{\partial \lambda_t}$，则只需讨论 $\delta + 2\delta\lambda_r - \theta\lambda_r$ 的正负情况，即可判断整体正负，故命题得证。

性质 6.5 说明，在 RT 模式中，随着零售商公平关切系数增大，制造商回收价格、第三方回收价格也增大，而零售商回收价格则减小。另外，随着第三方公平关切系数增大，制造商回收价格、零售商回收价格也增大，而第三方回收价格将减小。可以发现，当自身公平关切程度增大时，其他两方的回收价格都将增大，但自身的回收价格却会呈现出减小趋势。

性质 6.6 $\dfrac{\partial \Pi_m^{RT*}}{\partial \lambda_r} < 0, \dfrac{\partial \Pi_m^{RT*}}{\partial \lambda_t} < 0。$

证明：

$$\frac{\partial \Pi_m^{RT*}}{\partial \lambda_r} = \frac{1}{8}\left(\frac{8\Delta^2(\delta - \theta)^2\theta^2(1 + \lambda_t)^2}{(\delta - 2\theta)\left(\begin{array}{c}\delta(\lambda_r + \lambda_t + 2\lambda_r\lambda_t) \\ -\theta(2 + 3\lambda_t + \lambda_r(3 + 4\lambda_t))\end{array}\right)^2} - \frac{(-bc_n + \varphi)^2}{b(1 + 2\lambda_r)^2}\right)$$

$$\frac{\partial \Pi_m^{RT*}}{\partial \lambda_t} = \frac{\Delta^2 (\delta - \theta)^2 \theta^2 (1 + \lambda_r)^2}{(\delta - 2\theta)(\delta(\lambda_r + \lambda_t + 2\lambda_r \lambda_t) - \theta(2 + 3\lambda_t + \lambda_r(3 + 4\lambda_t)))^2}$$

6.3.4　MRT 模型

构造一个由制造商、零售商、第三方回收商组成的闭环供应链,由三方进行回收,制造商占主导地位,零售商与第三方为跟随者。制造商制造新产品、回收废旧产品、向零售商与第三方回收商购买废旧产品进行再制造,零售商销售新产品、回收废旧产品,第三方回收商回收废旧产品。

决策顺序为:制造商首先根据市场预测确定新产品批发价格 w^{MRT}、面向市场及零售商与第三方的回收价格 A_m^{MRT},随后零售商根据制造商决策确定对消费市场的新产品销售价格 p^{MRT}、面向市场的回收价格 A_r^{MRT};同时第三方回收商决定回收价格 A_t^{MRT}。

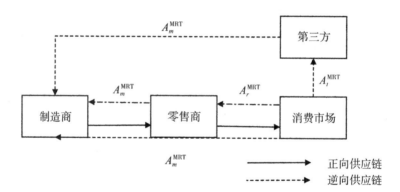

图 6.5　制造商、零售商与第三方回收商混合回收模式

制造商收益函数:

$$\Pi_{mr}^{MRT} = (w^{MRT} - c_n) D + (\Delta - A_m^{MRT})(Q_t^{MRT} + Q_r^{MRT} + Q_m^{MRT}) \tag{6.14}$$

零售商收益函数:

$$\Pi_r^{MRT} = (p^{MRT} - w^{MRT}) D + Q_r^{MRT}(A_m^{MRT} - A_r^{MRT}) \tag{6.15}$$

第三方回收商收益函数：

$$\Pi_t^{MRT} = Q_t^{MRT}(A_m^{MRT} - A_t^{MRT}) \tag{6.16}$$

零售商公平关切效用函数：

$$U_r^{MRT} = \Pi_r^{MRT} - \lambda_r(\Pi_m^{MRT} - \Pi_r^{MRT}) = (1 + \lambda_r)\Pi_r^{MRT} - \lambda_r\Pi_m^{MRT} \tag{6.17}$$

第三方回收商公平关切效用函数：

$$U_t^{MRT} = \Pi_t^{MRT} - \lambda_t(h\Pi_m^{MRT} - \Pi_t^{MRT}) = (1 + \lambda_t)\Pi_t^{MRT} - h\lambda_t\Pi_m^{MRT} \tag{6.18}$$

命题6.4 根据逆推归纳法求得均衡解如下：

$$p^{MRT*} = p^{RT*} = p^{MT*} = p^{MR*} = \frac{1}{4}\left(c_n + \frac{3\varphi}{b}\right)$$

$$w^{MRT*} = w^{RT*} = w^{MT*} = w^{MR*} = \frac{bc_n(1 + 3\lambda_r) + \varphi(1 + \lambda_r)}{2b(1 + 2\lambda_r)}$$

$$A_m^{MRT*} = \frac{\Delta(-2\theta(2 + 3\lambda_t + \lambda_r(3 + 4\lambda_t)) + \delta(-1 + 3\lambda_t + \lambda_r(3 + 7\lambda_t)))}{2(\delta K_1 - \theta K_2)}$$

$$A_t^{MRT*} = \frac{\Delta\left(\begin{matrix} \delta^2\theta(7 + \lambda_r + 4\lambda_t - 2\lambda_r\lambda_t) + 4\theta^3(2 + \lambda_r + 3\lambda_t + 2\lambda_r\lambda_t) \\ -\delta^3(-1 + \lambda_t + \lambda_r(3 + 5\lambda_t)) + 2\delta\theta^2\begin{pmatrix}7 + 4\lambda_t + \lambda_r \\ (13 + 10\lambda_t)\end{pmatrix} \end{matrix}\right)}{2(\delta^2 - 4\theta^2)(\delta K_1 - \theta K_2)}$$

$$A_r^{MRT*} = \frac{\Delta\left(\begin{matrix} \delta^2\theta(7 - 2\lambda_r(-2 + \lambda_t) + \lambda_t) - \delta^3(-1 + \lambda_r + 3\lambda_t + 5\lambda_r\lambda_t) \\ + 4\theta^3(2 + \lambda_t + \lambda_r(3 + 2\lambda_t)) + 2\delta\theta^2\begin{pmatrix}7 + 13\lambda_t + 2\lambda_r \\ (2 + 5\lambda_t)\end{pmatrix} \end{matrix}\right)}{2(\delta^2 - 4\theta^2)(\delta K_1 - \theta K_2)}$$

$$\Pi_m^{MRT*} = \frac{(\lambda_r + 1)\left(\begin{matrix} b^2c_n^2(\delta - 2\theta)(\delta K_1 - \theta K_2) - 2bc_n\varphi(\delta - 2\theta) \\ (\delta K_1 - \theta K_2) - 2b\Delta^2(2\lambda_r + 1)(\lambda_t + 1) \\ (2\delta - \theta)(\delta + 4\theta)^2 + \varphi^2(\delta - 2\theta)(\delta K_1 - \theta K_2) \end{matrix}\right)}{8b(\delta - 2\theta)(1 + 2\lambda_r)(\delta K_1 - \theta K_2)}$$

$$\Pi_r^{\mathrm{MRT}*} = \frac{(1 + 4\lambda_r)\,(\varphi - bc_n)^2}{16b(1 + 2\lambda_r)} - \frac{4\Delta^2(\theta - 2\delta)^2}{16\,(\delta^2 - 4\theta^2)^2\,(\delta K_1 - \theta K_2)^2}$$

$$\frac{\begin{pmatrix}\delta^3\lambda_r(\lambda_t + 1) - \delta^2\theta(\lambda_r + 1) \\ (2\lambda_t - 1) - 2\delta\theta^2(2(\lambda_r - 1)\lambda_t \\ + \lambda_r - 3) + 4\theta^3 \\ (2\lambda_r\lambda_t + \lambda_r + 3\lambda_t + 2)\end{pmatrix}\begin{pmatrix}\delta^2(\lambda_r(6\lambda_t + 3) + 2\lambda_t - 1) \\ - 2\delta\theta(\lambda_r + 2\lambda_t + 3) - 4\theta^2 \\ (\lambda_r(6\lambda_t + 5) + 3\lambda_t + 2)\end{pmatrix}}{16\,(\delta^2 - 4\theta^2)^2\,(\delta K_1 - \theta K_2)^2}$$

$$\Pi_t^{\mathrm{MRT}*} = -\frac{\Delta^2(\theta - 2\delta)^2\begin{pmatrix}\delta^3(\lambda_r + 1)\lambda_t - \delta^2\theta(2\lambda_r - 1)(\lambda_t + 1) \\ - 2\delta\theta^2(2\lambda_r(\lambda_t - 1) + \lambda_t - 3) \\ + 4\theta^3(\lambda_r(2\lambda_t + 3) + \lambda_t + 2)\end{pmatrix}\begin{pmatrix}\delta^2(\lambda_r(6\lambda_t + 2) + 3\lambda_t - 1) - 2\delta\theta(2\lambda_r + \lambda_t + 3) \\ - 4\theta^2(\lambda_r(6\lambda_t + 3) + 5\lambda_t + 2)\end{pmatrix}}{4\,(\delta^2 - 4\theta^2)^2\,(\delta K_1 - \theta K_2)^2}$$

$$U_r^{\mathrm{MRT}*} = \frac{1}{16}(\lambda_r + 1)$$

$$\left(\frac{(2\lambda_r + 1)\,(\varphi - bc_n)^2}{b(1 + 2\lambda_r)} - \frac{4\Delta^2(\theta - 2\delta)^2\begin{pmatrix}\delta^3\lambda_r(\lambda_t + 1) - \delta^2\theta(\lambda_r + 1) \\ (2\lambda_t - 1) - 2\delta\theta^2(2(\lambda_r - 1)\lambda_t \\ + \lambda_r - 3) + 4\theta^3(2\lambda_r\lambda_t + \lambda_r \\ + 3\lambda_t + 2)\end{pmatrix}\begin{pmatrix}\delta^2(\lambda_r(6\lambda_t + 3) + 2\lambda_t - 1) \\ - 2\delta\theta(\lambda_r + 2\lambda_t + 3) \\ - 4\theta^2(\lambda_r(6\lambda_t + 5) + 3\lambda_t + 2)\end{pmatrix}}{(\delta^2 - 4\theta^2)^2\,(\delta K_1 - \theta K_2)^2} + \frac{4\Delta^2\lambda_r(\lambda_t + 1)(2\delta - \theta)\,(\delta + 4\theta)^2}{(\delta - 2\theta)(\delta K_1 - \theta K_2)}\right)$$

$$U_t^{\mathrm{MRT}*} = \cfrac{\Delta^2(\lambda_t + 1)\left(\begin{array}{l} \cfrac{\lambda_t(\lambda_r + 1)(2\delta - \theta)(\delta + 4\theta)^2(\delta K_1 - \theta K_2)}{\delta - 2\theta} - \\[2mm] (\theta - 2\delta)^2\left(\begin{array}{l} \delta^3\lambda_t(\lambda_r + 1) - \delta^2\theta(2\lambda_r - 1)(\lambda_t + 1) \\ - 2\delta\theta^2(2\lambda_r(\lambda_t - 1) + \lambda_t - 3) \\ + 4\theta^3(\lambda_r(2\lambda_t + 3) + \lambda_t + 2) \end{array}\right) \\[4mm] \cfrac{\left(\begin{array}{l}\delta^2(\lambda_r(6\lambda_t + 2) + 3\lambda_t - 1) - 2\delta\theta(2\lambda_r + \lambda_t + 3) \\ - 4\theta^2(\lambda_r(6\lambda_t + 3) + 5\lambda_t + 2)\end{array}\right)}{(\delta^2 - 4\theta^2)^2} \end{array}\right)}{4(\delta K_1 - \theta K_2)^2}$$

其中，$K_1 = -1 + \lambda_r + \lambda_t + 3\lambda_r\lambda_t$，$K_2 = 4 + 5\lambda_t + \lambda_r(5 + 6\lambda_t)$，$\alpha = \varepsilon^2 - 1$。

6.4 不同混合回收模式对比分析

推论 6.1 当 $\lambda_r \in (\lambda_t, \infty)$ 时，$A_m^{\mathrm{RT}} > A_m^{\mathrm{MR}} > A_m^{\mathrm{MT}}$；当 $\lambda_r \in (0, \lambda_t)$ 时，$A_m^{\mathrm{RT}} > A_m^{\mathrm{MT}} > A_m^{\mathrm{MR}}$。

证明：

$$A_m^{\mathrm{MR}} - A_m^{\mathrm{MT}} = -\frac{\Delta(\delta - \theta)(\delta + 3\theta)(\lambda_r - \lambda_t)}{2(\delta + \theta(3 + 4\lambda_r))(\delta + \theta(3 + 4\lambda_t))}$$

$$A_m^{\mathrm{MR}} - A_m^{\mathrm{RT}} = -\frac{\Delta(\delta - \theta)(1 + \lambda_r)\left(\begin{array}{l}\delta(\lambda_r + \lambda_t + 2\lambda_r\lambda_t) \\ + \theta(\lambda_r + 3\lambda_t + 4\lambda_r\lambda_t)\end{array}\right)}{2(\delta + \theta(3 + 4\lambda_r))\left(\begin{array}{l}\delta(\lambda_r + \lambda_t + 2\lambda_r\lambda_t) \\ - \theta(2 + 3\lambda_t + \lambda_r(3 + 4\lambda_t))\end{array}\right)} < 0$$

$$A_m^{\mathrm{RT}} - A_m^{\mathrm{MT}} = \frac{\Delta(\delta - \theta)(1 + \lambda_t)\left(\begin{array}{l}\delta(\lambda_r + \lambda_t + 2\lambda_r\lambda_t) \\ + \theta(\lambda_t + 3\lambda_r + 4\lambda_r\lambda_t)\end{array}\right)}{2(\delta + \theta(3 + 4\lambda_t))\left(\begin{array}{l}\delta(\lambda_r + \lambda_t + 2\lambda_r\lambda_t) \\ - \theta(2 + 3\lambda_t + \lambda_r(3 + 4\lambda_t))\end{array}\right)} > 0$$

已知，$\Delta > 0$，$\theta > 2\delta > 0$，$\lambda_r \geqslant 0$，$\lambda_t \geqslant 0$，可得 $\delta - \theta < 0$，

$\delta(\lambda_r + \lambda_t + 2\lambda_r\lambda_t) - \theta(2 + 3\lambda_t + \lambda_r(3 + 4\lambda_t)) = -2\theta + (\delta - 3\theta)\lambda_r +$

$(\delta - 3\theta) \lambda_t + (2\delta - 4\theta) \lambda_r \lambda_t < 0$，故正负关系得以判断，命题得证。

推论 6.1 说明，当零售商的公平关切系数 λ_r 大于第三方回收商的 λ_t 时，制造商回收价格在 RT、MR、MT 三种模式下依次降低；当零售商的公平关切系数 λ_r 小于第三方回收商的 λ_t 时，制造商回收价格在 RT、MT、MR 三种模式下依次降低。

不难发现，MR 与 MT 模式下，制造商回收价格的大小取决于零售商和第三方回收商公平关切系数的大小关系，且在这三种模型中，不管零售商和第三方回收商的公平关切系数是怎样的大小关系，制造商的回收价格总在 RT 模式下取到最大值。这是因为，对于制造商而言，除了两方公平关切程度可能不一致，选取零售商或第三方进行回收没有本质区别。当 $\lambda_r > \lambda_t$ 时，零售商拥有比第三方更高的议价能力，制造商需要进一步降低对零售商的回收价格以及批发价格；当 $\lambda_r > \lambda_t$ 时，第三方比零售商有相对较高的议价能力，因此制造商需要对其进一步降低回收价格。另外，当制造商仅委托零售商与第三方回收时，由于双方都公平关切，制造商需要在回收价格以及批发价格上作出一些让步，即提高回收价格并降低批发价格，以激励零售商与第三方。

推论 6.2　当 $\lambda_r \in \left(\lambda_t, \dfrac{1 - \lambda_t}{1 + 3\lambda_t} \right)$，$\lambda_t \in \left(0, \dfrac{1 - \lambda_r}{1 + 3\lambda_r} \right)$ 时，$A_r^{\mathrm{RT}} > A_r^{\mathrm{MR}}$，$A_r^{\mathrm{MRT}} > A_r^{\mathrm{MR}}$

证明：

$$
A_r^{\mathrm{MR}} - A_r^{\mathrm{RT}} = \frac{\Delta(\delta - \theta) \left(\begin{aligned} & \delta^4(2\lambda_r\lambda_t + \lambda_r + \lambda_t) + 2\delta^3\theta(\lambda_r(6(\lambda_r + 1)\lambda_t \\ & + 3\lambda_r + 1) + \lambda_t - 1) \\ & - \delta^2\theta^2(\lambda_r(2\lambda_r(4\lambda_t + 5) + 18\lambda_t + 19) \\ & + 11\lambda_t + 10) - 4\delta\theta^3(2\lambda_r(3\lambda_r + 4) \\ & (2\lambda_t + 1) + 5\lambda_t + 3) \\ & + 4\theta^4(2\lambda_r + 1)(4\lambda_r\lambda_t + \lambda_r + 3\lambda_t) \end{aligned} \right)}{\begin{aligned} & 4\theta(\delta^2 - 4\theta^2)(\delta + \theta(4\lambda_r + 3))(\delta(2\lambda_r\lambda_t + \lambda_r + \lambda_t) \\ & - \theta(\lambda_r(4\lambda_t + 3) + 3\lambda_t + 2)) \end{aligned}}
$$

推论 6.3　$\Pi_m^{\mathrm{MR}} > \Pi_m^{\mathrm{RT}}$；当 $\lambda_r \in (0, \lambda_t)$ 时，$\Pi_m^{\mathrm{MR}} > \Pi_m^{\mathrm{MT}}$。

证明:

$$\Pi_m^{MR} - \Pi_m^{MT} = \frac{1}{16}\begin{pmatrix} 2\Delta^2(\delta - \theta)^2 & (1 + 4\lambda_r) \\ -\dfrac{(\delta + 3\theta)^2(\lambda_r - \lambda_t)}{\theta(\delta + \theta(3 + 4\lambda_r))} & -\dfrac{(-bc_n + \varphi)^2}{b(1 + 2\lambda_r)} \\ (\delta + \theta(3 + 4\lambda_t)) & \end{pmatrix},$$

$$\Pi_m^{MR} - \Pi_m^{RT} = -\frac{\Delta^2(\lambda_r + 1)(\delta - \theta)^2\begin{pmatrix} \delta^3(2\lambda_r\lambda_t + \lambda_r + \lambda_t) \\ + 2\delta^2\theta(3\lambda_r\lambda_t + \lambda_r + \lambda_t - 1) \\ - \delta\theta^2(\lambda_r(16\lambda_t + 13) + 13\lambda_t + 10) \\ - 2\theta^3(5(4\lambda_r + 3)\lambda_t + 11\lambda_r + 6) \end{pmatrix}}{8\theta(\delta - 2\theta)(\delta + \theta(4\lambda_r + 3))(\delta(2\lambda_r\lambda_t + \lambda_r + \lambda_t) - \theta(\lambda_r(4\lambda_t + 3) + 3\lambda_t + 2))}$$

$$\Pi_m^{MT} - \Pi_m^{RT} = \frac{\begin{pmatrix} \Delta^2(\lambda_t + 1)(\delta - \theta)^2(\delta + 2\theta) \\ \begin{pmatrix} \delta^3(4\lambda_r - 3\lambda_t + 1) + \delta^2\theta(5\lambda_r(2\lambda_t + 5) - 8\lambda_t + 7) \\ + \delta\theta^2(\lambda_r(34\lambda_t + 40) + 7\lambda_t + 13) \\ + \theta^3(\lambda_r + 1)(4\lambda_t + 3) \end{pmatrix} \end{pmatrix}}{24\delta\theta(\delta + \theta(4\lambda_r + 3))\begin{pmatrix} \delta^2(-2\lambda_r + \lambda_t - 1) \\ -\delta\theta(4 + 5\lambda_t + \lambda_r(5 + 6\lambda_t)) \\ + \theta^2(\lambda_r - 2\lambda_t - 1) \end{pmatrix}}$$

已知 $\Delta > 0$, $\theta > 2\delta > 0$, $\lambda_t \geqslant 0$, $\lambda_r \geqslant 0$。当 $\lambda_r \in (\lambda_t, 2\lambda_t + 1)$ 时, 观察表达式可知 $\Pi_m^{MR} - \Pi_m^{MT} < 0$, $\Pi_m^{MR} - \Pi_m^{RT} < 0$, $\Pi_m^{MT} - \Pi_m^{RT} < 0$。

推论 6.4　$\Pi_r^{MR} > \Pi_r^{MT}$。

$$\Pi_r^{MR} - \Pi_r^{MT} = \frac{\Delta^2(\delta - \theta)^2(\delta - 2\delta\lambda_r + \theta(3 + 2\lambda_r))(\delta + \theta(3 + 8\lambda_r))}{16\theta(\delta + \theta(3 + 4\lambda_r))^2}$$

推论 6.5　$U_r^{MR} > U_r^{MT}$。

证明：

$$U_r^{\mathrm{MR}} - U_r^{\mathrm{MT}} = -\frac{\Delta^2 (\delta - \theta)^2 \begin{pmatrix} \delta^3(2\lambda_r\lambda_t + \lambda_t - 1) + \delta^2\theta(\lambda_r(8\lambda_r(\lambda_r + 2\lambda_t) \\ + 22\lambda_t - 7) - 4\lambda_t - 9) \\ + \delta\theta^2(\lambda_r(16\lambda_r(\lambda_r(4\lambda - 1) + 6\lambda_t - 4) \\ + 14\lambda_t - 69) - 3(8\lambda_t + 9)) \\ + \theta^3(-2(\lambda_r(8\lambda_r(4\lambda_r + 7) + 51) + 18)\lambda_t \\ - 3(5\lambda_r + 3)(8\lambda_r(\lambda_r + 1) + 3)) \end{pmatrix}}{16\theta(\delta + \theta(4\lambda_r + 3))^2(\delta + \theta(4\lambda_t + 3))}$$

已知 $\Delta > 0$，$\theta > 2\delta > 0$，$\lambda_t \geqslant 0$，$\lambda_r \geqslant 0$，展开 $U_r^{\mathrm{MR}} - U_r^{\mathrm{MT}}$ 合并同类项，可发现各项均大于零，故可得 $U_r^{\mathrm{MR}} - U_r^{\mathrm{MT}} > 0$。

6.5　数　值　仿　真

为进一步验证结论，本章通过 Matlab 进行数值分析，参照模型假设，取 $\theta = 0.6$，$\Delta = 10$，$c_n = 26$，$c_r = 16$，$\varphi = 25$，$b = 2$。

6.5.1　回收价格竞争系数对闭环供应链的影响

为便于观察，取 $\lambda_r = 0.6$，$\lambda_t = 0.5$，探讨回收价格竞争系数的不同取值（由于 $\theta > 2\delta > 0$，故取区间 $\delta \in (0, 0.3)$）将对不同主体的回收价格产生何种影响。

由图 6.6 可知，不管哪一种模式，当零售商与第三方回收商的公平关切系数一定时，制造商的回收价格随竞争系数的增大而减小，而零售商与第三方回收商的回收价格随竞争系数的增大而增大。

由图 6.6(c)、(d) 可知，在 RT 与 MRT 模式下，总有第三方回收价格小幅高于零售商回收价格，这与其双方的公平关切程度大小有关。本章令 $\lambda_r = 0.6$，$\lambda_t = 0.5$，即零售商的公平关切程度大于第三方回收商，意味着零售商相较于第三方回收商，在面对制造商利润过高时，与制造商合作的积极性可

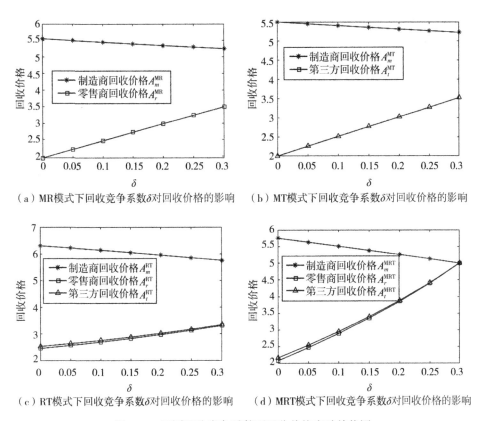

（a）MR模式下回收竞争系数δ对回收价格的影响　　（b）MT模式下回收竞争系数δ对回收价格的影响

（c）RT模式下回收竞争系数δ对回收价格的影响　　（d）MRT模式下回收竞争系数δ对回收价格的影响

图 6.6　不同回收竞争系数下回收价格变动趋势图

能更低。另外，MRT 模式下制造商的回收价格均小于 RT 模式，这是因为，RT 模式中只有零售商与第三方回收商进行回收竞争，而在 MRT 模式中制造商也参与竞争，又由于公平关切，零售商和第三方回收商议价能力较强，制造商不得不进行更多的让利。

6.5.2　不同模式下回收价格竞争系数对回收量的影响

由图 6.7 可知，不管哪种模式，供应链中三方的回收量总是随着竞争系数的增大而降低，且四种模式中的总回收量也随着竞争程度的提高而呈现出下降趋势。这表明，就供应链整体而言，供应链中三方的回收价格竞争会降低总回收量，将导致资源无法得到有效的循环利用，造成环境污染、资源浪费等一系列问题。

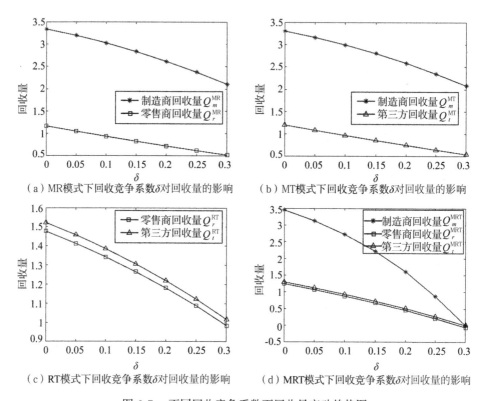

（a）MR模式下回收竞争系数δ对回收量的影响　　　（b）MT模式下回收竞争系数δ对回收量的影响

（c）RT模式下回收竞争系数δ对回收量的影响　　　（d）MRT模式下回收竞争系数δ对回收量的影响

图 6.7　不同回收竞争系数下回收量变动趋势图

此外，结合图 6.6(a)、(b)，在 MR 与 MT 模式中，制造商的回收价格虽然下降，但其回收量并未增大，原因可能是，对于制造商而言，废旧产品的回收面向市场与其委托的零售商或第三方回收商。由于零售商或第三方回收商的回收价格低于制造商，故消费者更愿意把废旧产品卖给这两方。

结合图 6.6(c)、(d) 可知，在 MRT 模式中，制造商回收量的下降速度快于零售商与第三方，这是因为零售商与第三方回收商同时存在公平关切，双方对于制造商具有较高的议价能力，使得制造商不得不予以激励。此外，在 RT 模式与 MRT 模式中，虽然第三方回收商的回收价格总小幅高于零售商的回收价格，但第三方回收商的回收量一直高于零售商，原因大概是两者的公平关切系数不同，下面针对双方的公平关切系数进一步分析。

6.5.3 公平关切系数对闭环供应链的影响

为便于观察，取 $\delta = 0.2$，分析零售商与第三方回收商公平关切系数对闭环供应链的影响。

6.5.3.1 不同模式下公平关切系数对回收价格的影响

由图 6.8(a)、(b) 可知，在 MR 与 MT 模式中，制造商回收价格随着公平关切系数的增大而不断增大，而零售商与第三方回收商的回收价格随着公平关切系数的增大而减小。原因是制造商的回收价格不仅是面向市场回收废旧产品的单位价格，也是从其委托回收方处购买废旧产品的单位价格。由于公平关切的存在，零售商或第三方回收商与制造商合作的积极性随着公平关切

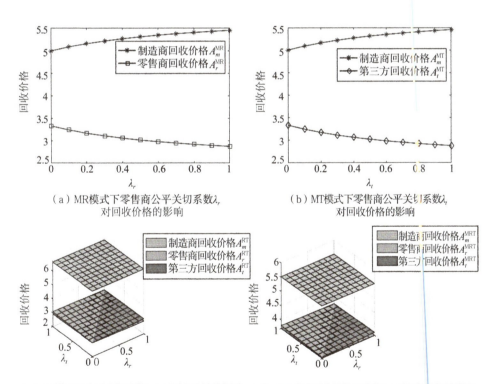

（a）MR模式下零售商公平关切系数λ_r
对回收价格的影响

（b）MT模式下零售商公平关切系数λ_t
对回收价格的影响

（c）RT模式下公平关切系数λ_r、λ_t对回收价格的影响　　（d）MRT模式下公平关切系数λ_r、λ_t对回收价格的影响

图 6.8　不同模式下公平关切系数对回收价格的影响

程度的增大不断降低，在图中体现为回收价格的下降。而制造商为了对这两方进行激励，采取提高对他们两方的回收价格的方式，以期提高零售商与第三方回收商的利润，这也是图中零售商与第三方回收商的回收价格递减速度也在不断减小的原因。

由图 6.8(c)、(d) 可知，在 RT 与 MRT 模式中，制造商回收价格也随着公平关切系数的增大而增大，而对于零售商与第三方回收商而言，回收价格的大小取决于双方的公平关切程度。当 $\lambda_r > \lambda_t$ 时，第三方回收价格大于零售商回收价格；当 $\lambda_r = \lambda_t$ 时，双方回收价格相等；当 $\lambda_r < \lambda_t$ 时，零售商回收价格大于第三方回收价格。

6.5.3.2　不同模式下公平关切系数对利润的影响

由图 6.9 可知，随着公平关切系数的增大，制造商利润始终呈现下降趋势；而对于零售商与第三方回收商，当对方的公平关切系数不变时，他们的

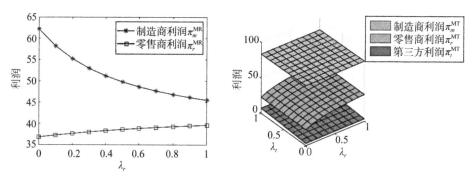

（a）MR模式下零售商公平关切系数λ_r对利润的影响　　（b）MT模式下公平关切系数λ_r,λ_t对利润的影响

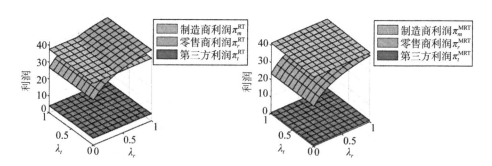

（c）RT模式下公平关切系数λ_r,λ_t对利润的影响　　（d）MRT模式下公平关切系数λ_r,λ_t对利润的影响

图 6.9　不同模式下公平关切系数对利润的影响

利润总随着自身公平关切系数的增大而增大，这是因为公平关切将对议价能力和合作意愿等造成影响。而制造商委托零售商与第三方回收商进行回收，那么当前两者存在公平关切行为时，制造商将采取让利措施以对两方进行激励，促进其合作意愿。但值得注意的是，在图 6.9(a) 中可以发现，MR 模式下制造商利润的降低速度大于零售商，这造成了供应链整体利润的降低。

由图 6.9(b)、(c)、(d) 可知，在 MT 与 MRT 模式中，总存在制造商、零售商、第三方回收商利润依次降低的情形，但零售商利润增大的速度比较快。在 RT 模式中，当 $\lambda_r \in (0, 0.4)$ 时，制造商利润大于零售商利润；当 $\lambda_r \in [0.4, 1]$ 时，零售商利润大于或等于制造商利润。

6.5.4　不同模式下参数对比

6.5.4.1　不同模式下利润对比

由图 6.10(a) 可知，对于制造商而言，其在 MT 模式中的利润最高，在

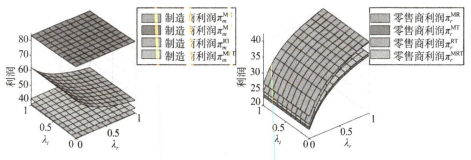

（a）公平关切系数λ_r, λ_t对制造商利润的影响　　　（b）公平关切系数λ_r, λ_t对零售商利润的影响

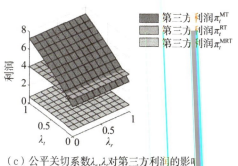

（c）公平关切系数λ_r, λ_t对第三方利润的影响

图 6.10　不同模式下利润对比图

MR 模式中的利润次之，在 MRT 模式中的利润再次，在 RT 模式中的利润最低。因此，选择 MT 回收模式对制造商最有利。由图 6.10(b) 可知，当 $\lambda_r \in [0, 0.8)$ 时，零售商在 RT 模式下的利润大于 MR 模式，此时，选择 RT 模式对零售商最有利；当 $\lambda_r \in (0.8, 1]$ 时，零售商在 MR 模式下的利润大于 RT 模式，此时零售商的最优选择为 MR 模式。由图 6.10(c) 可知，当 $\lambda_t \in [0, 0.18)$ 时，第三方回收商在 RT 模式下的利润最大，此时其最优选择为 RT 模式；当 $\lambda_t \in (0.18, 1]$ 时，MT 模式下的利润最大，故此时其最优选择为 MT 模式。

6.5.4.2　不同模式下效用对比

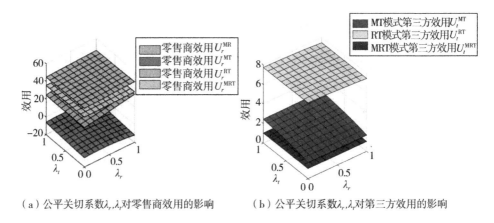

（a）公平关切系数λ_r, λ_t对零售商效用的影响　　　（b）公平关切系数λ_t, λ_r对第三方效用的影响

图 6.11　　不同模式下利润对比图

6.6　本章小结

　　本章将供应链成员的行为偏好引入闭环供应链，探究了零售商与第三方回收商公平关切下采取混合回收渠道的供应链决策问题，通过建立制造商与零售商回收、制造商与第三方回收、零售商与第三方回收以及三方同时回收这四种不同的混合回收模型，分别对比四种模式下各方的决策与利润，探究其最优策略，得到以下结论：

（1）回收竞争将降低废旧产品回收总量。无论何种模式，当零售商与第三方回收商的公平关切系数给定时，随着回收竞争的愈发激烈，制造商的回收价格随之减小，零售商与第三方回收商的回收价格随之增大，四种模式下，供应链各方的回收量与总回收量总是随着竞争程度的增大而减小，且在 RT 与 MRT 模式中，第三方回收商的回收量一直都大于零售商，这说明，回收竞争不利于废旧产品的回收与再制造，并将阻碍资源的循环利用。

（2）公平关切的大小程度将会影响零售商与第三方回收商的渠道决策。无论何种模式，制造商总在 MT 模式中取得最大利润，因此对于制造商而言，其最优渠道决策为 MT 模式；而对于零售商而言，其最优渠道的选择与公平关切程度有关。当 $\lambda_r \in [0, 0.8)$ 时，其最优渠道决策为 RT 模式；当 $\lambda_r \in (0.8, 1]$ 时，其最优决策为 MR 模式。对于第三方回收商而言，由于其利润完全来自于回收，因此情况与零售商不同。当 $\lambda_t \in [0, 0.18)$ 时，其最优渠道决策为 RT 模式；当 $\lambda_t \in (0.18, 1]$ 时，其最优渠道决策为 MT 模式。

第7章　专利保护下考虑公平关切的双渠道
闭环供应链定价决策

7.1　引　言

再制造就是把废旧产品进行拆卸、清洁、再加工、检查和重新组装，并达到新产品质量的过程，由于产品更新换代越来越快，废旧产品日益增多，人们赖以生存的生活环境遭到了严重的威胁，据有关人员推测，我国到 2040 年电子废弃物的总量将有可能达到 2000 万吨，电子废弃物具有资源性和危害性等属性，怎样减少对环境的污染、提高废旧资源的利用效率，成为世界各国当下急需解决的问题。

近年来，网络直销渠道已经发展成为一种重要的零售渠道，双渠道模式成为许多品牌制造商的主要产品销售方式。例如，原来一直采用传统零售渠道进行产品销售的惠普、Nike、Apple 等都很快建立了自己的网上直销渠道，这样就形成了网络直销渠道和传统零售渠道共同组成的双渠道供应链模式，双渠道结构下两渠道之间的协调以及新条件下的定价策略成为近几年学术界研究的热点问题，因此，在电子商务快速发展和环境污染日益严重的双重挑战背景下，将双渠道和废旧产品回收再制造同时考虑的供应链问题随之也成为企业管理者和许多学者思考的重要议题。

随着再制造这一趋势的发展，原制造商与再制造商之间的知识产权纠纷问题在近些年逐渐显现出来。由此可见，当再制造商进入受专利保护的再制造市场时，必须得到原制造商的专利许可，因此，专利许可是当下企业在进行再制造过程中必须考虑的因素，也是再制造研究中应该予以重视的问题。

公平关切指在个人决策过程中在追求个人收益的同时还会考虑收益分配

是否公平，具备公平关切特征的决策者进行决策时不单关注自身利益，也会考虑其他方的利益，决策者也可能会以自身利益受损为代价采取行动惩罚对方，也可能会牺牲自己部分利益以此照顾对方公平的感受。例如，传统供应链中占主导地位的一方常常会蚕食另一方收益以获取供应链中更大的收益分配比例，沃尔玛凭借其强大的实力常常挤压供应商的利润空间，英国的食品供应商常抱怨他们无法从零售商那里获得可持续的利润。

7.2 模型和假设

7.2.1 问题描述

考虑由单一制造商和单一零售商组成的双渠道供应链，制造商为主导者，零售商为跟随者，并具有公平关切的倾向，制造商同时拥有网上直销和传统零售两种销售渠道，制造商负责产品生产，一方面以批发价格 w 批发给零售商，零售商再以零售价格 p_r 销售给消费者，另一方面则以直销价格 p_d 直接销售给消费者。制造商委托零售商以回收价格 p_c 回收废旧产品，并进行再制造产品的生产，制造商只销售新产品，而零售商同时销售新产品和再制造产品。假设采用单位专利许可费模式，即零售商每再制造一单位再制造产品需向制造商缴纳相应的专利许可费为 f，其系统结构如图 7.1 所示。

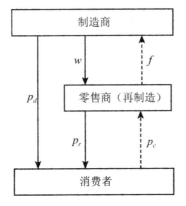

图 7.1 专利保护下双渠道闭环供应链系统结构图

7.2.2　假设说明

为便于模型建立和求解，对模型做以下说明：

（1）假设制造商和零售商生产新产品和回收再制造的单位成本分别为 c_n 和 c_c，显然，$c_c < c_n$。

（2）由于制造商通过零售渠道销售产品需额外支付运输和处理等费用，故零售渠道的边际成本 c_r 大于直销渠道的边际成本 c_d，即 $c_d < c_r$。

（3）消费者对新产品和再制造产品的认可程度一致，并且用 γ 表示废旧产品的再制造率，$\gamma \in [0, 1]$，是常量。

（4）回收的废旧产品一部分经过再制造后销售给消费者，另一部分不能再制造的进行处理，处理后的单位残值为 $s(s > 0)$。

（5）设零售渠道和直销渠道的需求函数分别为：$D_r = \rho a - \delta p_r + \theta p_d$ 和 $D_d = (1 - \rho)a - \delta p_d + \theta p_r$，其中，$a > 0$ 为市场潜在规模，$\rho(0 < \rho < 1)$ 为消费者偏好于从零售渠道购买产品的比例，$(1 - \rho)$ 为消费者中偏好于从直销渠道购买产品的比例，δ 为价格影响因子，θ 为零售渠道与直销渠道的交叉影响因子，且 $0 < \theta < \delta < 1$。

（6）假设供给量函数为：$G = \alpha + \beta p_c$，其中 $\alpha(\alpha > 0)$ 表示当回收价格为零时可回收的废旧产品的数量，相当于消费者自愿返还的部分，可将其视为消费者环保意识的强弱，$\beta(\beta > 0)$ 则为回收价格敏感系数。

（7）引入零售商的公平关切系数 λ_r，$0 < \lambda_r < 1$ 表示零售商在考虑其自身利润的同时，也关注制造商的收益。其中，当 $\lambda = 0$ 时，表示为公平中性，而当 $\lambda > 0$ 时，则表示为公平关切，且 λ 越大表示对系统收益分配的公平性关注程度越高。

（8）假设制造商的利润为 π_m，零售商的利润为 π_r，整个双渠道闭环供应链的利润为 π，易知 $\pi = \pi_m + \pi_r$，且设零售商的效用函数为 U_r，参考文献得知，零售商的效用函数可以表示为 $U_r = \pi_r - \lambda(\pi_m - \pi_r)$。

本章涉及的决策变量：直销价格 p_d（制造商的决策变量）、零售价格 p_r（零售商的决策变量）、回收价格 p_c（零售商的决策变量）、批发价格 w（制造商的决策变量）和单位专利许可费用 f（制造商的决策变量）。

表7.1 模型符号及定义

符号	定　　义
c_n, c_c	新产品和再制造产品的单位生产成本
c_d, c_r	直销渠道和零售渠道的边际成本
γ	废旧产品的再制造率($0 \leqslant \gamma \leqslant 1$)
s	不能再制造的废旧产品进行处理后的残值($s > 0$)
ρ	消费者偏好于从零售渠道购买产品的比例($0 < \rho < 1$)
α	回收价格为零时可回收的废旧产品的数量(消费者自愿返还部分)($\alpha > 0$)
β	回收价格敏感系数($\beta > 0$)
λ_r	零售商的公平关切系数($0 < \lambda_r < 1$)
δ	价格影响因子($0 < \delta < 1$)
θ	零售渠道与直销渠道的交叉影响因子($0 < \theta < 1$)
p_d, w, f	制造商的直销价格、批发价格和单位专利许可费用
p_r, p_c	零售商的零售价格和废旧产品的回收价格
π_m, π_r, π	制造商、零售商和整个双渠道供应链系统的利润
U_r	零售商的效用函数

基于以上描述,制造商和零售商的利润函数分别为:

$$\pi_m = (p_d - c_d - c_n)D_d + (w - c_r - c_n)(D_r - \gamma G) + \gamma f G \quad (7.1)$$

$$\pi_r = (p_r - w)(D_r - \gamma G) + (p_r - c_c - p_c - f)\gamma G + (1 - \gamma)sG \quad (7.2)$$

整个双渠道闭环供应链的总利润函数为:

$$\pi = (p_d - c_d - c_n)D_d + (p_r - c_r - c_n)(D_r - \gamma G) + (p_r - c_c - p_c)\gamma G$$
$$+ (1 - \gamma)sG \quad (7.3)$$

零售商的效用函数为:

$$U_r = \big[(1 + \lambda)p_r - (1 + 2\lambda)w + \lambda c_r + \lambda c_n\big](D_r - \gamma G)$$
$$- \lambda(p_d - c_d - c_n)D_d + \big[(1 + \lambda)(p_r - p_c - c_c) - (1 + 2\lambda)f\big] \quad (7.4)$$
$$\gamma G + (1 + \lambda)(1 - \gamma)sG$$

7.3 模型建立与求解

7.3.1 集中决策模型

在集中决策情形下，不考虑公平关切行为倾向，双方均以供应链系统利润的最大化为决策目标，不进行各自之间利润大小的对比，两者联合确定产品的直销价格 p_d、零售价格 p_r、回收价格 p_c，而批发价格 w 和单位专利许可费 f 则决定系统利润在各成员之间的分配，系统的总收益不会受其影响。

此时，总利润函数为：

$$\max_{p_d,\ p_r,\ p_c} \pi = (p_d - c_d - c_n)\big[(1-\rho)a - \delta p_d + \theta p_r\big] + (p_r - c_r - c_n)$$
$$\big[\rho a - \delta p_r + \theta p_d - \gamma(\alpha + \beta p_c)\big] + (p_r - c_c - p_c)\gamma(\alpha + \beta p_c) \qquad (7.5)$$
$$+ (1-\gamma)s(\alpha + \beta p_c)$$

求 (7.5) 式关于直销价格 p_d、零售价格 p_r、回收价格 p_c 的一阶偏导数，联立 $\dfrac{\partial \pi}{\partial p_d}=0$、$\dfrac{\partial \pi}{\partial p_r}=0$ 和 $\dfrac{\partial \pi}{\partial p_c}=0$，可求得集中决策下制造商的最优直销价格 $p_d{}^*$、零售商的最优零售价格 $p_r{}^*$ 和最优回收价格 $p_c{}^*$ 如下：

$$p_d{}^* = \frac{a\delta(1-\rho) + a\theta\rho + (\delta^2 - \theta^2)(c_d + c_n)}{2(\delta^2 - \theta^2)} \qquad (7.6)$$

$$p_r{}^* = \frac{a\theta(1-\rho) + a\delta\rho + (\delta^2 - \theta^2)(c_r + c_n)}{2(\delta^2 - \theta^2)} \qquad (7.7)$$

$$p_c{}^* = \frac{s\beta(1-\gamma) - \alpha\gamma + \beta\gamma(c_n + c_r - c_c)}{2\beta\gamma} \qquad (7.8)$$

与此同时可知：

$$D_r{}^* = \frac{a\rho + \theta c_d - \delta c_r + (\theta - \delta)c_n}{2}$$

$$D_d{}^* = \frac{a(1-\rho) - \delta c_d + \theta c_r + (\theta - \delta)c_n}{2}$$

114

$$D^* = \frac{a + (\theta - \delta)(c_d + 2c_n + c_r)}{2}$$

$$G^* = \frac{s\beta(1 - \gamma) + \alpha\gamma + \beta\gamma(c_n + c_r - c_c)}{2\gamma}$$

将(7.7)式、(7.8)式、(7.9)式代入(7.6)式中，即可得整个系统的最优利润为：

$$
\begin{aligned}
\pi^* = \frac{1}{4\beta\gamma(\delta^2 - \theta^2)} &\big[\big((s\beta(1 - \gamma) - \alpha\gamma + \beta\gamma c_c)(\delta^2 - \theta^2) \\
&- a\beta\gamma(\theta + (\delta - \theta)\rho) \big)(-\alpha\gamma - s\beta(1 - \gamma) + \beta\gamma(c_c - c_n - c_r)) \\
&+ 2s\beta(1 - \gamma)(\delta^2 - \theta^2)(s\beta(1 - \gamma) + \alpha\gamma - \beta\gamma(c_c - c_n - c_r)) + \beta\gamma \\
&(a\delta(\rho - 1) - a\theta\rho + (\delta^2 - \theta^2)(c_d + c_n))(a(\rho - 1) + \delta c_d + (\delta - \theta)c_n \\
&- \theta c_r) + \beta\gamma(s\beta(1 - \gamma) + \alpha\gamma - a\rho - \beta\gamma(c_c - c_n - c_r) - \theta c_d \\
&+ (\delta - \theta)c_n + \delta c_r)(a\theta(\rho - 1) - a\delta\rho + (\delta^2 - \theta^2)(c_n + c_r)) \big]
\end{aligned}
$$

7.3.2　分散决策模型

此情形下，制造商和零售商相互独立，决策过程为：首先，制造商确定产品的直销价格 p_d、批发价格 w 和单位专利许可费 f；其次，零售商根据制造商给的批发价格 w 等确定零售价格 p_r 和废旧产品回收价格 p_c。

7.3.2.1　制造商和零售商均为公平中性下的决策

在该情形下，制造商和零售商均不具有公平关切，均以其利润最大化为决策目标。

此时，制造商和零售商利润函数分别为：

$$
\begin{aligned}
\max_{p_d, w, f} \pi_m = &(p_d - c_d - c_n)\big[(1 - \rho)a - \delta p_d + \theta p_r\big] \\
&+ (w - c_r - c_n)\big[\rho a - \delta p_r + \theta p_d \\
&- \gamma(\alpha + \beta p_c)\big] + \gamma f(\alpha + \beta p_c)
\end{aligned}
\tag{7.9}
$$

$$
\begin{aligned}
\max_{p_r, p_c} \pi_r = &(p_r - w)\big[\rho a - \delta p_r + \theta p_d - \gamma(\alpha + \beta p_c)\big] \\
&+ (p_r - c_c - p_c - f)\gamma(\alpha + \beta p_c) \\
&+ (1 - \gamma)s(\alpha + \beta p_c)
\end{aligned}
\tag{7.10}
$$

根据博弈过程，运用逆向推导法，首先对(7.10)式求关于零售价格 p_r 和回收价格 p_c 的一阶偏导数，联立 $\dfrac{\partial \pi_r}{\partial p_r} = 0$、$\dfrac{\partial \pi_r}{\partial p_c} = 0$，可得：

$$\hat{p}_r = \frac{w\delta + a\rho + \theta p_d}{2\delta} \tag{7.11}$$

$$\hat{p}_c = \frac{s\beta(1-\gamma) - \alpha\gamma - f\beta\gamma + w\beta\gamma - \beta\gamma c_c}{2\beta\gamma} \tag{7.12}$$

然后将(7.11)式、(7.12)式代入(7.9)式中，再分别对直销价格 p_d、批发价格 w 和单位专利许可费 f 求其一阶偏导数，联立 $\dfrac{\partial \pi_m}{\partial p_d} = 0$、$\dfrac{\partial \pi_m}{\partial w} = 0$ 和 $\dfrac{\partial \pi_m}{\partial f} = 0$，可得制造商的最优直销价格 p_d^{**}、最优批发价格 w^{**} 和最优专利许可费 f^{**}：

$$p_d^{**} = \frac{a\delta(1-\rho) + a\theta\rho + (\delta^2 - \theta^2)(c_d + c_n)}{2(\delta^2 - \theta^2)} \tag{7.13}$$

$$w^{**} = \frac{a\theta(1-\rho) + a\delta\rho + (\delta^2 - \theta^2)(c_n + c_r)}{2(\delta^2 - \theta^2)} \tag{7.14}$$

$$f^{**} = \frac{1}{2\beta\gamma(\delta^2 - \theta^2)} \big[(s\beta(1-\gamma) + \alpha\gamma - \beta\gamma c_c)(\delta^2 - \theta^2) \\ + a\beta\gamma\theta(1-\rho) + a\beta\gamma\delta\rho \big] \tag{7.15}$$

最后将(7.13)式、(7.14)式代入(7.11)式，(7.14)式、(7.15)式代入(7.12)式，可求得零售商的最优零售价格 p_r^{**} 和最优回收价格 p_c^{**} 分别为：

$$p_r^{**} = \frac{\begin{aligned} &a\big[2\delta\theta(1-\rho) + 3\delta^2\rho - \theta^2\rho\big] + \theta(\delta^2 - \theta^2)c_d \\ &+ (\delta - \theta)(\delta + \theta)^2 c_n + (\delta^3 - \delta\theta^2)c_r \end{aligned}}{4(\delta^3 - \delta\theta^2)} \tag{7.16}$$

$$p_c^{**} = \frac{s\beta(1-\gamma) - \beta\gamma(c_c - c_n - c_r) - 3\alpha\gamma}{4\beta\gamma} \tag{7.17}$$

进而可得：

$$D_r^{**} = \frac{a\rho + \theta c_d - \delta c_r + (\theta - \delta)c_n}{4}$$

$$D_d^{**} = \frac{a(2\delta(1-\rho) + \theta\rho) + (\theta^2 - 2\delta^2)(c_d + c_n) + \delta\theta(c_n + c_r)}{4\delta}$$

$$D^{**} = \frac{\begin{array}{c} a(\delta(2 - \rho) + \theta\rho) + (\theta^2 - 2\delta^2 + \delta\theta)c_d \\ + (-3\delta^2 + 2\delta\theta + \theta^2)c_n + (\theta - \delta)\delta c_r \end{array}}{4\delta}$$

$$G^{**} = \frac{s\beta(1 - \gamma) + \alpha\gamma + \beta\gamma(c_n + c_r - c_c)}{4\gamma}$$

将以上所求的最优价格分别代入(7.9)式、(7.10)式和(7.5)式中,可得制造商、零售商公平中性下它们各自的最优利润以及整个供应链系统的最优利润如下:

$$\pi_m^{**} = \frac{1}{8}\left[\frac{1}{\beta\gamma(\delta^2 - \theta^2)}((s\beta(\gamma - 1)(\delta^2 - \theta^2) - \gamma(\alpha(\delta^2 - \theta^2) \right.$$
$$+ a\beta(\theta + \delta\rho - \theta\rho)) + \beta\gamma(\delta^2 - \theta^2)c_c)(-s\beta - \alpha\gamma + s\beta\gamma$$
$$+ \beta\gamma(c_c - c_n - c_r))) + \frac{1}{\delta^3 - \delta\theta^2}((a\delta(\rho - 1) - a\theta\rho + (\delta^2 - \theta^2)$$
$$(c_d + c_n))(-2a\delta + 2a\delta\rho - a\theta\rho + (2\delta^2 - \theta^2)c_d + (2\delta^2 - \delta\theta - \theta^2)$$
$$c_n - \delta\theta c_r)) + \frac{1}{(\delta^2 - \theta^2)}((s\beta + \alpha\gamma - s\beta\gamma - a\rho - \beta\gamma c_c - \theta c_d$$
$$+ \beta\gamma(c_n + c_r) + \delta c_n - \theta c_n + \delta c_r)(a\theta(\rho - 1) - a\delta\rho$$
$$\left. + (\delta^2 - \theta^2)(c_n + c_r)) \right]$$

$$\pi_r^{**} = \frac{1}{16}\left[2s\alpha(1 - \gamma) - 2s^2\beta + \frac{s^2\beta}{\gamma} + \frac{\alpha^2\gamma}{\beta} + s^2\beta\gamma \right.$$
$$+ \frac{(a^2\rho^2 + \theta^2(c_d^2 + c_n^2) + 2a\theta\rho c_n)}{\delta} + 2s\beta c_n(1 - \gamma) + 2\alpha\gamma(c_n + c_r)$$
$$- 2a\rho(c_n + c_r) + \beta\gamma(c_n^2 + c_r^2 + c_c^2) + \delta(c_n^2 + c_r^2) - 2\theta c_n^2 + 2s\beta c_r$$
$$- 2s\beta\gamma c_r + 2(\beta\gamma + \delta - \theta)c_n c_r + 2c_c(-s\beta - \alpha\gamma + s\beta\gamma - \beta\gamma(c_n + c_r))$$
$$\left. + \frac{1}{\delta}(2\theta c_d(a\rho + (\theta - \delta)c_n - \delta c_r)) \right]$$

$$\pi^{**} = \frac{1}{16}\left[\frac{4s(\gamma-1)(-s\beta - \alpha\gamma + s\beta\gamma + \beta\gamma(c_c - c_n - c_r))}{\gamma} \right.$$

$$+ \frac{1}{\delta^3 - \delta\theta^2}(2(a\delta(\rho-1) - a\theta\rho + (\delta^2 - \theta^2)(c_d + c_n))$$

$$(-2a\delta + 2a\delta\rho - a\theta\rho + (2\delta^2 - \theta^2)c_d + (2\delta^2 - \delta\theta - \theta^2)c_n - \delta\theta c_r))$$

$$+ \frac{1}{\delta^3 - \delta\theta^2}(s\beta(1-\gamma) + \alpha\gamma - a\rho - \beta\gamma(c_c - c_n - c_r) - \theta c_d$$

$$+ (\delta - \theta)c_n + \delta c_r)(2a\delta\theta(\rho-1) - 3a\delta^2\rho + a\theta^2\rho + (\theta^3 - \delta^2\theta)c_d$$

$$+ (3\delta^3 - \delta^2\theta - 3\delta\theta^2 + \theta^3)c_n + 3\delta^3 c_r - 3\delta\theta^2 c_r) + (s\beta + \alpha\gamma - s\beta\gamma$$

$$- \beta\gamma(c_c - c_n - c_r))(s + \frac{3\alpha}{\beta} - \frac{s}{\gamma} - 3c_c - c_n - c_r + \frac{1}{\delta^3 - \delta\theta^2}$$

$$(2a\delta\theta(1-\rho) + 3a\delta^2\rho - a\theta^2\rho + \theta(\delta^2 - \theta^2)c_d + (\delta - \theta)(\delta + \theta)^2 c_n$$

$$\left. + \delta^3 c_r - \delta\theta^2 c_r)) \right]$$

7.3.2.2 制造商公平中性、零售商公平关切下的均衡决策

在该情形下，制造商不公平关切，仅作为公平中性且理性决策者以其自身利润最大化为决策目标；零售商为公平关切，以公平效用最大化为决策目标。

此时，制造商的利润函数和零售商的效用函数分别为：

$$\max_{p_d, w, f} \pi_m = (p_d - c_d - c_n)[(1-\rho)a - \delta p_d + \theta p_r] + (w - c_r - c_n)$$

$$[\rho a - \delta p_r + \theta p_d - \gamma(\alpha + \beta p_c)] + \gamma f(\alpha + \beta p_c) \qquad (7.18)$$

$$\max_{p_r, p_c} U_r = [(1+\lambda)p_r - (1+2\lambda)w + \lambda(c_r + c_n)][\rho a - \delta p_r + \theta p_d$$

$$- \gamma(\alpha + \beta p_c)] - \lambda(p_d - c_d - c_n)[(1-\rho)a - \delta p_d + \theta p_r]$$

$$+ [(1+\lambda)(p_r - c_c - p_c) - (1+2\lambda)f]\gamma(\alpha + \beta p_c)$$

$$+ (1+\lambda)(1-\gamma)s(\alpha + \beta p_c)$$

$$(7.19)$$

根据博弈过程，运用逆向推导法，首先对(19)式计算关于 p_r，p_c 的一阶偏导数，联立 $\frac{\partial U_r}{\partial p_r} = 0$，$\frac{\partial U_r}{\partial p_c} = 0$ 求解，得到：

$$p_r^{\#} = \frac{w\delta(1 + 2\lambda) + a\rho(1 + \lambda) + \theta\lambda(c_d + c_n) - \delta\lambda(c_n + c_r) + \theta p_d}{2\delta(1 + \lambda)} \quad (7.20)$$

$$p_c^{\#} = \frac{\begin{array}{c}(1 + \lambda)[\alpha\gamma - s\beta(1 - \gamma)] + \beta\gamma(1 + 2\lambda)(f - w) \\ + \beta\gamma c_c - \beta\gamma\lambda(c_n + c_r - c_c)\end{array}}{-2\beta\gamma(1 + \lambda)} \quad (7.21)$$

将(7.20)式、(7.21)式代入(7.18)式中，再分别对直销价格 p_d、批发价格 w、单位专利许可费 f 求一阶偏导，联立 $\dfrac{\partial \pi_m}{\partial p_d} = 0$、$\dfrac{\partial \pi_m}{\partial w} = 0$ 和 $\dfrac{\partial \pi_m}{\partial f} = 0$，可得制造商的最优直销价格 p_d^{***}、最优批发价格 w^{***} 和最优专利许可费 f^{***}：

$$p_d^{***} = \frac{a\delta(1 - \rho) + a\theta\rho + (\delta^2 - \theta^2)(c_d + c_n)}{2(\delta^2 - \theta^2)} \quad (7.22)$$

$$w^{***} = \frac{1}{2\delta(\delta^2 - \theta^2)(1 + 2\lambda)} \left[a\delta\theta(1 + 2\lambda)(1 - \rho) + a\delta^2\rho + a(\delta^2 + \theta^2)\lambda\rho \right.$$
$$\left. - \theta\lambda(\delta^2 - \theta^2)(c_d + c_n) + \delta(\delta^2 - \theta^2)(1 + 3\lambda)(c_n + c_r) \right] \quad (7.23)$$

$$f^{***} = \frac{1}{2\beta\gamma\delta(\delta^2 - \theta^2)(1 + 2\lambda)} \left[s\beta\delta(\delta^2 - \theta^2)(1 - \gamma)(1 + \lambda) \right.$$
$$+ (a + \alpha\lambda)\gamma\delta^3 + a\beta\gamma\delta\theta(1 + 2\lambda)(1 - \rho) - \alpha\gamma\delta\theta^2(1 + \lambda)$$
$$+ a\beta\gamma\delta^2(1 + \lambda)\rho + a\beta\gamma\theta^2\lambda\rho - \beta\gamma\delta(\delta^2 - \theta^2)(1 + \lambda)c_c$$
$$\left. - \beta\gamma\theta\lambda(\delta^2 - \theta^2)(c_d + c_n) \right] \quad (7.24)$$

最后，将(7.22)式、(7.23)式代入(7.20)式，(7.23)式、(7.24)式代入(7.21)式，可求得零售商的最优零售价格 p_r^{***} 和最优回收价格 p_c^{***} 分别为：

$$p_r^{***} = \frac{\begin{array}{c}a[2\delta\theta(1 - \rho) + (3\delta^2 - \theta^2)\rho] + (\delta^2 - \theta^2) \\ (\theta c_d + \delta c_r) + (\delta - \theta)(\delta + \theta)^2 c_n\end{array}}{4(\delta^3 - \delta\theta^2)} \quad (7.25)$$

$$p_c^{***} = \frac{s\beta(1 - \gamma) - 3\alpha\gamma - \beta\gamma(c_c - c_n - c_r)}{4\beta\gamma} \quad (7.26)$$

此种情况下，零售和直销渠道的需求量与废旧产品的供应量同上节分散决策情形下制造商和零售商无公平关切时一致，这里就不再列出。

将以上所求最优价格分别代入 (7.18) 式、(7.19) 式和 (7.5) 式中，可求得制造商和系统的最优利润，以及零售商的最大效用为：

$$
\begin{aligned}
\pi_m^{***} = \frac{1}{8}\Bigg[& \frac{1}{\beta\gamma\delta(\delta^2 - \theta^2)(1 + 2\lambda)}((s\beta(1 - \gamma)\delta^3 + \alpha\gamma\delta^3 + a\beta\gamma\delta\theta \\
& - s\beta(1 - \gamma)\delta\theta^2 - \alpha\gamma\delta\theta^2 + s\beta\delta^3\lambda + \alpha\gamma\delta^3\lambda - s\beta\gamma\delta^3\lambda + 2a\beta\gamma\delta\theta\lambda \\
& - s\beta(1 - \gamma)\delta\theta^2\lambda - \alpha\gamma\delta\theta^2\lambda + a\beta\gamma\delta^2(1 + \lambda)\rho - a\beta\gamma\delta\theta\rho - 2a\beta\gamma\delta\theta\lambda\rho \\
& + a\beta\gamma\theta^2\lambda\rho - \beta\gamma\delta(\delta^2 - \theta^2)(1 + \lambda)c_c + \beta\gamma\theta(-\delta^2 + \theta^2)\lambda c_d \\
& - \beta\gamma\delta^2\theta\lambda c_n + \beta\gamma\theta^3\lambda c_n)(s\beta(1 - \gamma) + \alpha\gamma - \beta\gamma(c_c - c_n - c_r))) \\
& + \frac{1}{\delta^3 - \delta\theta^2}((a\delta(\rho - 1) - a\theta\rho + (\delta^2 - \theta^2)(c_d + c_n))(-2a\delta + 2a\delta\rho \\
& - a\theta\rho + (2\delta^2 - \theta^2)c_d + (2\delta^2 - \delta\theta - \theta^2)c_n - \delta\theta c_r)) \\
& + \frac{1}{\delta(\delta^2 - \theta^2)(1 + 2\lambda)}((s\beta(\gamma - 1) - \alpha\gamma + a\rho + \beta\gamma(c_c - c_n - c_r) \\
& + \theta(c_d + c_n) - \delta(c_n + c_r))(a\delta\theta + 2a\delta\theta\lambda(1 - \rho) + a\delta^2(1 + \lambda)\rho \\
& - a\delta\theta\rho + a\theta^2\lambda\rho - \theta(\delta^2 - \theta^2)\lambda c_d - (\delta^2 - \theta^2)(\delta + \delta\lambda + \theta\lambda)c_n \\
& - \delta^3 c_r(1 + \lambda) + \delta\theta^2 c_r(1 + \lambda)))\Bigg]
\end{aligned}
$$

$$
\begin{aligned}
\pi_r^{***} = \frac{1}{16\beta\gamma\delta(1 + 2\lambda)}\Bigg[& (1 + 4\lambda)(s^2\beta^2(1 + \gamma^2)\delta + 2s\alpha\beta\gamma(1 - \gamma)\delta \\
& - 2s^2\beta^2\gamma\delta + \alpha^2\gamma^2\delta + a^2\beta\gamma\rho^2 + \beta^2\gamma^2\delta c_c^2 + \beta\gamma\theta^2 c_d^2 + 2s\beta^2\delta\gamma c_n \\
& + 2\alpha\beta\gamma^2\delta c_n - 2s\beta^2\gamma^2\delta c_n + 2a\beta\gamma(\theta - \delta)\rho c_n + \beta^2\gamma^2\delta c_n^2 + \beta\gamma\delta^2 c_n^2 \\
& - 2\beta\gamma\delta\theta c_n^2 + \beta\gamma\theta^2 c_n^2 + 2s\beta^2\delta\gamma c_r + 2\alpha\beta\gamma^2\delta c_r - 2s\beta^2\gamma^2\delta c_r - 2a\beta\gamma\delta\rho c_r \\
& + 2\beta^2\gamma^2\delta c_n c_r + 2\beta\gamma\delta^2 c_n c_r - 2\beta\gamma\delta\theta c_n c_r + \beta^2\gamma^2\delta c_r^2 + \beta\gamma\delta^2 c_r^2 \\
& + 2\beta\gamma\delta c_c(s\beta(\gamma - 1) - \alpha\gamma - \beta\gamma(c_n + c_r)) + 2\beta\gamma\theta c_d \\
& (a\rho - (\delta - \theta)c_n - \delta c_r))\Bigg]
\end{aligned}
$$

$$\pi^{***} = \frac{1}{16}\left[\frac{4s(\gamma - 1)(-s\beta - \alpha\gamma + s\beta\gamma + \beta\gamma(c_c - c_n - c_r))}{\gamma}\right.$$

$$+ \frac{1}{\delta^3 - \delta\theta^2}(2(a\delta(\rho - 1) - a\theta\rho + (\delta^2 - \theta^2)(c_d + c_n))$$

$$(-2a\delta + 2a\delta\rho - a\theta\rho + (2\delta^2 - \theta^2)c_d + (2\delta^2 - \delta\theta - \theta^2)c_n - \delta\theta c_r))$$

$$+ \frac{1}{\delta^3 - \delta\theta^2}(s\beta(1 - \gamma) + \alpha(\gamma - \rho) - \beta\gamma(c_c - c_n - c_r) - \theta c_d$$

$$+ (\delta - \theta)c_n + \delta c_r)(2a\delta\theta(\rho - 1) - 3a\delta^2\rho + a\theta^2\rho + (\theta^3 - \delta^2\theta)c_d$$

$$+ (3\delta^3 - \delta^2\theta - 3\delta\theta^2 + \theta^3)c_n + 3\delta^3 c_r - 3\delta\theta^2 c_r) + (s\beta + \alpha\gamma - s\beta\gamma$$

$$- \beta\gamma(c_c - c_n - c_r))(s + \frac{3\alpha}{\beta} - \frac{s}{\gamma} - 3c_c - c_n - c_r) + \frac{1}{\delta^3 - \delta\theta^2}$$

$$(2a\delta\theta(1 - \rho) + 3a\delta^2\rho - a\theta^2\rho + \theta(\delta^2 - \theta^2)c_d + (\delta - \theta)(\delta + \theta)^2 c_n$$

$$\left. + \delta^3 c_r - \delta\theta^2 c_r)\right]$$

$$U_r^{***} = \frac{1}{16}\left[\frac{4s(\gamma - 1)(1 + \lambda)(s\beta(\gamma - 1) - \alpha\gamma + \beta\gamma(c_c - c_n - c_r))}{\gamma}\right.$$

$$- \frac{1}{\beta\gamma\delta(\delta^2 - \theta^2)}(3s\beta(\gamma - 1)\delta^3 + \alpha\gamma\delta^3 + 3s\beta(1 - \gamma)\delta\theta^2 - \alpha\gamma\delta\theta^2$$

$$+ 3s\beta(\gamma - 1)\lambda\delta^3 + \alpha\gamma\delta^3\lambda + 2a\beta\gamma\delta\theta\lambda(\rho - 1) + 3s\beta\delta\theta^2\lambda - \alpha\gamma\delta\theta^2\lambda$$

$$- 3s\beta\gamma\delta\theta^2\lambda + a\beta\gamma(\delta^2 - \theta^2)\rho + a\beta\gamma\delta^2\lambda\rho - 3a\beta\gamma\theta^2\lambda\rho - \beta\lambda\delta(\delta^2 - \theta^2)$$

$$(1 + \lambda)c_c + \beta\gamma\theta(\delta^2 - \theta^2)(1 + 3\lambda)c_d + \beta\gamma\delta^2\theta c_n - \beta\gamma\theta^3 c_n + 3\beta\gamma\delta^2\theta\lambda c_n$$

$$- 3\beta\gamma\theta^3\lambda c_n)(s\beta(\gamma - 1) - \alpha\gamma + \beta\gamma(c_c - c_n - c_r)) - \frac{1}{\delta^3 - \delta\theta^2}$$

$$(2\lambda(a\delta(\rho - 1) - a\theta\rho + (\delta^2 - \theta^2)(c_d + c_n))(2a\delta(\rho - 1) - a\theta\rho$$

$$+ (2\delta^2 - \theta^2)c_d + (2\delta^2 - \delta\theta - \theta^2)c_n - \delta\theta c_r)) + \frac{1}{\delta^3 - \delta\theta^2}(s\beta(1 - \gamma)$$

$$+ \alpha\gamma - a\rho - \beta\gamma(c_c - c_n - c_r) - \theta(c_d + c_n) + \delta(c_n + c_r))(2a\delta\theta\lambda(1 - \rho)$$

$$- a(\delta^2 - \theta^2)\rho - a\delta^2\lambda\rho + 3a\theta^2\lambda\rho - \theta(\delta^2 - \theta^2)(1 + 3\lambda)c_d + (\delta^2 - \theta^2)$$

$$\left. (\delta - \theta + \delta\lambda - 3\theta\lambda)c_n + \delta^3 c_r(1 + \lambda) - (1 + \lambda)\delta\theta^2 c_r)\right]$$

121

7.4 双渠道闭环供应链的决策影响分析

（1）无公平关切下，与集中决策相比，双渠道供应链分散决策的特征可概括如下：

命题 7.1

① $p_d^{**} = p_d^*$。

② 若 $0 < \dfrac{a\rho + \theta(c_d + c_n)}{c_n + c_r} < 1$，当 $0 < \delta < \dfrac{a\rho + \theta(c_d + c_n)}{c_n + c_r}$ 时，$p_r^{**} > p_r^*$，$D_d^{**} > D_d^*$，$D_r^{**} < D_r^*$，$D^{**} < D^*$；当 $\dfrac{a\rho + \theta(c_d + c_n)}{c_n + c_r} < \delta < 1$ 时，$p_r^{**} < p_r^*$，$D_d^{**} < D_d^*$，$D_r^{**} > D_r^*$，$D^{**} > D^*$。

③ 若 $\dfrac{a\rho + \theta(c_d + c_n)}{c_n + c_r} > 1$，则 $p_r^{**} > p_r^*$，$D_d^{**} > D_d^*$，$D_r^{**} < D_r^*$，$D^{**} < D^*$。

证明：

$$p_d^{**} - p_d^* = 0$$

$$p_r^{**} - p_r^* = \frac{a\rho + \theta c_d + (\theta - \delta)c_n - \delta c_r}{4\delta}$$

$$D_r^{**} - D_r^* = -\frac{a\rho + \theta c_d - (\delta - \theta)c_n - \delta c_r}{4}$$

$$D_d^{**} - D_d^* = \frac{\theta(a\rho + \theta c_d + (\theta - \delta)c_n - \delta c_r)}{4\delta}$$

$$D^{**} - D^* = -\frac{(\delta - \theta)(a\rho + \theta c_d - (\delta - \theta)c_n - \delta c_r)}{4\delta}$$

在这里，我们令：

$$f(\delta) = \frac{a\rho + \theta c_d + (\theta - \delta)c_n - \delta c_r}{4\delta}$$

$$f'(\delta) = \frac{-4\delta(c_n + c_r) - 4[a\rho + \theta c_d - \delta c_r + (\theta - \delta)c_n]}{16\delta^2}$$

$$= \frac{-4a\rho - 4\theta c_d - 4\theta c_n + (-4\delta c_n - 4\delta c_r + 4\delta c_n + 4\delta c_r)}{16\delta^2}$$

$$= -\frac{a\rho + \theta(c_d + c_n)}{4\delta^2} < 0$$

$$f''(\delta) = \frac{8\delta[a\rho + \theta(c_n + c_d)]}{16\delta^4} = \frac{a\rho + \theta(c_n + c_d)}{2\delta^3} > 0$$

可知 $f(\delta)$ 为单调递减的凹函数，开口向上，令 $f(\delta) = 0$，可解得此函数的

零点 $\delta_0 = \dfrac{a\rho + \theta(c_d + c_n)}{c_n + c_r}$，又 $0 < \delta < 1$，故分两种情况：

a. 若 $0 < \delta_0 < 1$，当 $0 < \delta < \dfrac{a\rho + \theta(c_d + c_n)}{c_n + c_r}$ 时，$f(\delta) > 0$；

当 $\dfrac{a\rho + \theta(c_d + c_n)}{c_n + c_r} < \delta < 1$ 时，$f(\delta) < 0$。

b. 若 $\delta_0 > 1$，当 $0 < \delta < 1$ 时，则始终存在 $f(\delta) > 0$。

也即若 $0 < \dfrac{a\rho + \theta(c_d + c_n)}{c_n + c_r} < 1$，当 $0 < \delta < \dfrac{a\rho + \theta(c_d + c_n)}{c_n + c_r}$ 时，

$p_r^{**} - p_r^* > 0$，$D_d^{**} - D_d^* > 0$；$D_r^{**} - D_r^* < 0$，$D^{**} - D^* < 0$。

当 $\dfrac{a\rho + \theta(c_d + c_n)}{c_n + c_r} < \delta < 1$ 时，$p_r^{**} - p_r^* < 0$，$D_d^{**} - D_d^* < 0$；$D_r^{**} -$

$D_r^* > 0$，$D^{**} - D^* > 0$。若 $\dfrac{a\rho + \theta(c_d + c_n)}{c_n + c_r} > 1$，$p_r^{**} - p_r^* > 0$，$D_d^{**} -$

$D_d^* > 0$；$D_r^{**} - D_r^* < 0$，$D^{**} - D^* < 0$。

由此命题 7.1 即可得证。

命题 7.1 从正向供应链的角度分析，相比于分散决策，在 $0 <$

$\dfrac{a\rho + \theta(c_d + c_n)}{c_n + c_r} < 1$ 的情况下，当 δ (价格影响因子) 较大时，集中决策能够降

低产品的零售价格，提高零售渠道的产品需求量，而通过比较结果显示，集
中决策和分散决策下的直销价格不变，这使得集中决策下对于直销渠道产品
的需求量更低一些，但正向供应链产品的总需求量更高，这说明，集中决策
虽然对直销渠道的产品销售不利，但对提高整个双渠道闭环供应链系统产品
的总销量有帮助，当 δ (价格影响因子) 较小时，与此相反；而当在

$\dfrac{a\rho + \theta(c_d + c_n)}{c_n + c_r} > 1$ 的情形下，情况则与在 $0 < \dfrac{a\rho + \theta(c_d + c_n)}{c_n + c_r} < 1$ 情形下
δ(价格影响因子)较大时相同。

命题 7.2 与集中决策相比，分散决策下废旧产品的回收价格和回收量均小于集中决策：$p_c^{**} < p_c^*$，$G^{**} < G^*$。

证明：

由 $p_c^{**} - p_c^* = -\dfrac{s\beta(1-\gamma) + \alpha\gamma + \beta(c_r + c_n - c_c)}{4\beta\gamma} < 0$，

$G^{**} - G^* = -\dfrac{s\beta(1-\gamma) + \alpha\gamma + \beta(c_r + c_n - c_c)}{4\gamma} < 0$，

其中 $\gamma \in [0, 1]$，$c_n > c_c$，即可证得。

命题 7.2 从逆向供应链的角度进行分析，相比于分散决策，集中决策可以提高零售商关于废旧产品回收价格的制定，从而提高回收渠道对于废旧产品的回收量，从环境保护的角度来看，显然有利于社会绿色环保效应的提升。

命题 7.3

在分散决策情形下，整个供应链系统的利润比集中决策情形更低，即 $\pi^{**} < \pi^*$。

$$
\begin{aligned}
\pi^* - \pi^{**} = \frac{1}{16\beta\gamma\delta} &\Big[(\alpha\gamma + s(\beta - \beta\gamma))^2\delta + a^2\beta\gamma\rho^2 + \beta\gamma(\beta\gamma\delta c_c^2 \\
&+ \theta c_d(2a\rho + \theta c_d) + c_n(2(s\beta(1-\gamma)\delta + \alpha\gamma\delta + (\theta - \delta)(a\rho + \theta c_d) \\
&+ (\beta\gamma\delta + (\delta - \theta)^2 c_n) + 2\delta(s\beta(1-\gamma) + \alpha\gamma - a\rho - \theta c_d \\
&+ (\beta\gamma + \delta - \theta)c_n)c_r + \delta(\beta\gamma + \delta)c_r^2 + 2\delta c_c(s\beta(\gamma - 1) \\
&- \alpha\gamma - \beta\gamma(c_n + c_r))) \Big] > 0
\end{aligned}
$$

命题 7.3 从双渠道供应链系统总利润的角度分析，集中决策将制造商和零售商视为一个整体进行完全合作统一决策，这时两者的目标一样，都是为了实现双渠道供应链系统总利润的最大化，有助于提升整个双渠道供应链系统的总利润，避免了分散决策下存在的"双重边际效应"。

(2)分散决策模式下，与零售商公平中性相比，零售商具公平关切行为下的特征可概括如下：

命题 7.4

若 $0 < \dfrac{a\rho + \theta(c_d + c_n)}{c_n + c_r} < 1$，当 $0 < \delta < \dfrac{a\rho + \theta(c_d + c_n)}{c_n + c_r}$ 时，$\dfrac{\partial w^{***}}{\partial \lambda} < 0$；

当 $\dfrac{a\rho + \theta(c_d + c_n)}{c_n + c_r} < \delta < 1$ 时，$\dfrac{\partial w^{***}}{\partial \lambda} > 0$。若 $\dfrac{a\rho + \theta(c_d + c_n)}{c_n + c_r} > 1$，$\dfrac{\partial w^{***}}{\partial \lambda} < 0$。

证明：

$$\frac{\partial w^{***}}{\partial \lambda} = -\frac{a\rho + \theta(c_d + c_n) - \delta(c_n + c_r)}{2\delta(1 + 2\lambda)^2}$$

令 $g(\delta) = -\dfrac{a\rho + \theta(c_d + c_n) - \delta(c_n + c_r)}{2\delta(1 + 2\lambda)^2}$

$$g'(\delta) = \frac{2\delta(c_n + c_r)(1 + 2\lambda)^2 + 2(a\rho + \theta c_d + \theta c_n - \delta c_n - \delta c_r)(1 + 2\lambda)^2}{4\delta^2(1 + 2\lambda)^2}$$

$$= \frac{(2\delta c_n + 2\delta c_r + 2a\rho + 2\theta c_d + 2\theta c_n - 2\delta c_n - 2\delta c_r)(1 + 2\lambda)^2}{4\delta^2(1 + 2\lambda)^2}$$

$$= \frac{a\rho + \theta(c_d + c_n)}{2\delta^2(1 + 2\lambda)^2} > 0,$$

$$g''(\delta) = -\frac{4\delta[a\rho + \theta(c_d + c_n)](1 + 2\lambda)^2}{4\delta^4(1 + 2\lambda)^4} = -\frac{a\rho + \theta(c_d + c_n)}{\delta^3(1 + 2\lambda)^2} < 0。$$

可知 $g(\delta)$ 为单调递增的凸函数，开口向下，令 $g(\delta) = 0$，可得此函数的

零点 $\delta_0 = \dfrac{a\rho + \theta(c_d + c_n)}{c_n + c_r}$，又 $0 < \delta < 1$，故分两种情况：

a. 若 $0 < \delta_0 < 1$，当 $0 < \delta < \dfrac{a\rho + \theta(c_d + c_n)}{c_n + c_r}$ 时，$g(\delta) < 0$；

当 $\dfrac{a\rho + \theta(c_d + c_n)}{c_n + c_r} < \delta < 1$ 时，$g(\delta) > 0$。

b. 若 $\delta_0 > 1$，当 $0 < \delta < 1$ 时，则始终存在 $g(\delta) < 0$。

也即若 $0 < \dfrac{a\rho + \theta(c_d + c_n)}{c_n + c_r} < 1$，当 $0 < \delta < \dfrac{a\rho + \theta(c_d + c_n)}{c_n + c_r}$ 时，

$\dfrac{\partial w^{***}}{\partial \lambda} < 0$；当 $\dfrac{a\rho + \theta(c_d + c_n)}{c_n + c_r} < \delta < 1$ 时，$\dfrac{\partial w^{***}}{\partial \lambda} > 0$。

若 $\dfrac{a\rho + \theta(c_d + c_n)}{c_n + c_r} > 1$，$\dfrac{\partial w^{***}}{\partial \lambda} < 0$。

如此即可得证。

命题 7.4 说明，在 $0 < \dfrac{a\rho + \theta(c_d + c_n)}{c_n + c_r} < 1$ 的情况下，当 δ(价格影响因子) 较小时，随着零售商公平关切系数的增加，制造商的最优批发价格呈现一个降低的趋势，这显然会增加零售商单位产品的销售收益和单位废旧产品的回收收益，有利于零售商获得更多的系统收益；而当 δ(价格影响因子) 较大时，情况则相反，这时零售商关于单位产品的销售收益和单位废旧产品的回收收益便会减少，这个时候则不利于零售商获得更多的系统收益；而在 $\dfrac{a\rho + \theta(c_d + c_n)}{c_n + c_r} > 1$ 时，制造商的最优批发价格则完全随零售商公平关切系数的增加而降低，有助于零售商单位产品的销售收益和单位废旧产品的回收收益的提高，从而有利于提高零售商收益。

命题 7.5

若 $0 < \dfrac{a\beta\gamma\rho + \beta\gamma\theta(c_d + c_n)}{s\beta(\gamma - 1) - a\gamma + \beta\gamma c_c} < 1$，当 $0 < \delta < \dfrac{a\beta\gamma\rho + \beta\gamma\theta(c_d + c_n)}{s\beta(\gamma - 1) - a\gamma + \beta\gamma c_c}$ 时，$\dfrac{\partial f^{***}}{\partial \lambda} < 0$；当 $\dfrac{a\beta\gamma\rho + \beta\gamma\theta(c_d + c_n)}{s\beta(\gamma - 1) - a\gamma + \beta\gamma c_c} < \delta < 1$ 时，$\dfrac{\partial f^{***}}{\partial \lambda} > 0$。

若 $\dfrac{a\beta\gamma\rho + \beta\gamma\theta(c_d + c_n)}{s\beta(\gamma - 1) - a\gamma + \beta\gamma c_c} > 1$，$\dfrac{\partial f^{***}}{\partial \lambda} < 0$。

证明：

由 $\dfrac{\partial f^{***}}{\partial \lambda} = \dfrac{s\beta(\gamma - 1)\delta - \gamma(a\delta + a\beta\rho) + \beta\gamma\delta c_c - \beta\gamma\theta(c_d + c_n)}{2\beta\gamma\delta(1 + 2\lambda)^2}$，

令 $h(\delta) = \dfrac{s\beta(\gamma - 1)\delta - \gamma(a\delta + a\beta\rho) + \beta\gamma\delta c_c - \beta\gamma\theta(c_d + c_n)}{2\beta\gamma\delta(1 + 2\lambda)^2}$，

$$h'(\delta) = \frac{1}{4\beta^2\gamma^2\delta^2(1 + 2\lambda)^4}\Big[2\beta\gamma\delta[s\beta(\gamma - 1) - a\gamma + \beta\gamma c_c](1 + 2\lambda)^2$$

$$- 2\beta\gamma[s\beta(\gamma - 1)\delta - \gamma(a\delta + a\beta\rho) + \beta\gamma\delta c_c - \beta\gamma\theta(c_d + c_n)]$$

$$(1 + 2\lambda)^2\Big]$$

$$= \frac{(a\delta + a\beta\rho)\beta\gamma^2 + \beta^2\gamma^2\theta(c_d + c_n) - a\beta\gamma^2\delta}{2\beta^2\gamma^2\delta^2(1 + 2\lambda)^2}$$

$$= \frac{a\rho + \gamma\theta(c_d + c_n)}{2\gamma\delta^2(1 + 2\lambda)^2} > 0,$$

$$h''(\delta) = -\frac{[a\rho + \gamma\theta(c_d + c_n)]4\gamma\delta(1+2\lambda)^2}{4\gamma^2\delta^4(1+2\lambda)^4}$$

$$= -\frac{a\rho + \gamma\theta(c_d + c_n)}{\gamma\delta^3(1+2\lambda)^2} < 0。$$

可知 $h(\delta)$ 为单调递增的凸函数,开口向下,令 $h(\delta) = 0$,可得此函数的

零点 $\delta_0 = \dfrac{a\beta\gamma\rho + \beta\gamma\theta(c_d + c_n)}{s\beta(\gamma-1) - a\gamma + \beta\gamma c_c}$,又 $0 < \delta < 1$,故分两种情况:

a. 若 $0 < \delta_0 < 1$,当 $0 < \delta < \dfrac{a\beta\gamma\rho + \beta\gamma\theta(c_d + c_n)}{s\beta(\gamma-1) - a\gamma + \beta\gamma c_c}$ 时,$h(\delta) < 0$;当

$\dfrac{a\beta\gamma\rho + \beta\gamma\theta(c_d + c_n)}{s\beta(\gamma-1) - a\gamma + \beta\gamma c_c} < \delta < 1$ 时,$h(\delta) > 0$。

b. 若 $\delta_0 > 1$,当 $0 < \delta < 1$ 时,则始终存在 $h(\delta) < 0$。

也即若 $0 < \dfrac{a\beta\gamma\rho + \beta\gamma\theta(c_d + c_n)}{s\beta(\gamma-1) - a\gamma + \beta\gamma c_c} < 1$,当 $0 < \delta < \dfrac{a\beta\gamma\rho + \beta\gamma\theta(c_d + c_n)}{s\beta(\gamma-1) - a\gamma + \beta\gamma c_c}$

时,$\dfrac{\partial f^{***}}{\partial\lambda} < 0$;当 $\dfrac{a\beta\gamma\rho + \beta\gamma\theta(c_d + c_n)}{s\beta(\gamma-1) - a\gamma + \beta\gamma c_c} < \delta < 1$ 时,$\dfrac{\partial f^{***}}{\partial\lambda} > 0$。

若 $\dfrac{a\beta\gamma\rho + \beta\gamma\theta(c_d + c_n)}{s\beta(\gamma-1) - a\gamma + \beta\gamma c_c} > 1$,$\dfrac{\partial f^{***}}{\partial\lambda} < 0$。

因此命题7.5得证。

命题7.5说明,在 $0 < \dfrac{a\beta\gamma\rho + \beta\gamma\theta(c_d + c_n)}{s\beta(\gamma-1) - a\gamma + \beta\gamma c_c} < 1$ 的情况下,当 δ(价格影响因子)较小时,制造商的最优单位专利许可费用随零售商公平关切系数的增加而降低,这显然会增加零售商单位产品的销售收益和单位废旧产品的回收收益,有利于零售商获得更多的系统收益;而当 δ(价格影响因子)较大时,则相反,这时零售商关于单位产品的销售收益和单位废旧产品的回收收益便会减少,从而不利于零售商获得更多的系统收益;而在 $\dfrac{a\beta\gamma\rho + \beta\gamma\theta(c_d + c_n)}{s\beta(\gamma-1) - a\gamma + \beta\gamma c_c} > 1$ 的情况下,制造商的最优单位专利许可费则完全随零售商公平关切系数的增加而降低。

命题 7.6 $\dfrac{\partial p_d^{***}}{\partial\lambda} = 0, \dfrac{\partial p_r^{***}}{\partial\lambda} = 0, \dfrac{\partial p_c^{***}}{\partial\lambda} = 0, \dfrac{\partial\pi_m^{***}}{\partial\lambda} < 0, \dfrac{\partial\pi_r^{***}}{\partial\lambda} > 0,$

$$\frac{\partial \pi^{***}}{\partial \lambda} = 0_{\circ}$$

证明：

$$\frac{\partial p_d^{***}}{\partial \lambda} = 0, \frac{\partial p_r^{***}}{\partial \lambda} = 0, \frac{\partial p_c^{***}}{\partial \lambda} = 0$$

$$
\begin{aligned}
\frac{\partial \pi_m^{***}}{\partial \lambda} = &- \frac{1}{8\beta\gamma\delta(1+2\lambda)^2}\Big[(\alpha\gamma + s(\beta - \beta\gamma))^2\delta + a^2\beta\gamma\rho^2 + \beta\gamma(\beta\gamma\delta c_c^2 \\
& + \theta c_d(2a\rho + \theta c_d) + c_n(2(s\beta(1-\gamma)\delta + \alpha\gamma\delta + a(-\delta+\theta)\rho + \theta(-\delta+\theta)c_d) \\
& + (\beta\gamma\delta + (\delta-\theta)^2)c_n) + 2\delta(s\beta(1-\gamma) + \alpha\gamma - a\rho - \theta c_d \\
& + (\beta\gamma + \delta - \theta)c_n)c_r + \delta(\beta\gamma + \delta)c_r^2 + 2\delta c_c(s\beta(\gamma - 1) \\
& - \alpha\gamma - \beta\gamma(c_n + c_r)))\Big] < 0
\end{aligned}
$$

$$
\begin{aligned}
\frac{\partial \pi_r^{***}}{\partial \lambda} = &\frac{1}{8\beta\gamma\delta(1+2\lambda)^2}\Big[(\alpha\gamma + s(\beta - \beta\gamma))^2\delta + a^2\beta\gamma\rho^2 + \beta\gamma(\beta\gamma\delta c_c^2 \\
& + \theta c_d(2a\rho + \theta c_d) + c_n(2(s\beta(1-\gamma)\delta + \alpha\gamma\delta + a(-\delta+\theta)\rho \\
& + \theta(-\delta+\theta)c_d) + (\beta\gamma\delta + (\delta-\theta)^2)c_n) + 2\delta(s\beta(1-\gamma) \\
& + \alpha\gamma - a\rho - \theta c_d + (\beta\gamma + \delta - \theta)c_n)c_r + \delta(\beta\gamma + \delta)c_r^2 \\
& + 2\delta c_c(s\beta(\gamma - 1) - \alpha\gamma - \beta\gamma(c_n + c_r)))\Big] > 0
\end{aligned}
$$

$$\frac{\partial \pi^{***}}{\partial \lambda} = \frac{\partial \pi^{**}}{\partial \lambda} = 0$$

从命题 7.6 可看出，制造商的直销价格、零售商的零售价格以及回收价格都不会随零售商公平关切系数的变化而发生变化，这也就意味着制造商的直销价格、零售商的零售价格以及回收价格都与零售商的公平关切系数无关，而零售商利润关于 λ 的偏导数大于零，制造商利润关于 λ 的偏导数小于零，说明零售商获得更多的系统收益的同时制造商的收益会减少，而供应链系统的总利润不受公平关切系数的影响，这说明制造商和零售商的利润随着公平关切系数的变化存在一个此消彼长的变化现象，两者利润之和不变，零售商可将它的这种公平关切行为作为谈判议价的砝码，来提高其与制造商的讨价还价能力，进而帮助其自身获得更多的系统收益。

（3）分散决策下，制造商为公平中性，零售商为公平中性或公平关切下的特征可概括如下：

命题7.7 在正向供应链中，制造商的批发价格或直销价格的提高均会导致零售商零售价格的提高，直销渠道边际成本的增加会导致直销价格的提高，零售渠道边际成本的增加会导致批发价格的提高。

证明： 由(7.11)式、(7.13)式、(7.14)式以及(7.20)式、(7.22)式和(7.23)式可得命题7.7。

命题7.7表明，零售商零售价格的制定受制造商的批发价格和直销价格的共同影响，在单渠道供应链中，零售商零售价格随制造商批发价格的增加而增加，而在双渠道供应链中，由于在这两种销售渠道之间不可避免地存在着渠道竞争，零售渠道的定价策略便也会因此受到直销渠道定价策略的影响，而制造商关于其批发价格和直销价格的制定则会直接受到它们各自渠道的边际成本的影响。

命题7.8 在逆向供应链中，当零售商进行再制造时，再制造成本的增加会导致废旧产品的回收价格和单位专利许可费都降低，同时，零售商关于废旧产品的回收价格也会随着其需缴纳的单位专利许可费的增加而降低。

由(7.12)式、(7.15)式以及(7.21)式、(7.24)式可得命题7.8，命题7.8说明，零售商关于废旧产品的回收价格和制造商关于单位专利许可费用的制定均直接受再制造成本的影响，而专利许可费用的高低也会间接影响零售商关于废旧产品的回收价格的制定。

对零售商来说，再制造成本越高，其从事再制造获得利润的空间就会越小，因此其会通过降低废旧产品的回收价格来减少相应的成本投入，以尽可能多地从再制造活动中获取利润；而对制造商来说，其自身不进行再制造活动时，向零售商收取专利许可费用是其从回收再制造活动中获得额外利润的唯一途径，故其应当通过给予零售商一定的技术支持来降低再制造成本，以期望获得更高的单位专利许可费用。由于专利许可费的高低会间接影响废旧产品的回收价格，而回收价格的高低又会进一步影响废旧产品的回收量，故制造商需要在专利许可费的制定上找到一种平衡，使得其既不会因为专利许可费太低而无利可图，也不会因为专利许可费太高而降低零售商进行回收再制造活动的积极性。

7.5　数 值 分 析

为更加直观地了解零售商公平关切程度的强弱对供应链各成员及系统利润的影响，下面进行数值仿真分析，参数取值令 $a = 100$，$\rho = 0.6$，$\delta = 0.6$，$\theta = 0.4$，$c_n = 10$，$c_c = 5$，$c_d = 6$，$c_r = 10$，$\alpha = 10$，$\beta = 20$，$\gamma = 0.7$，$s = 10$，$\lambda_r \in [0, 1]$。

图 7.1，图 7.2，图 7.3，图 7.4 从正向供应链角度进行描述，当 δ(价格影响因子) 较大时，集中决策能够降低产品的零售价格，提高零售渠道的产品需求量，而根据命题 7.1 得出的结论，集中决策和分散决策这两种情形下的直销价格不变，这使得集中决策下对于直销渠道产品的需求量更低，但从图中我们可以看出正向供应链产品的总需求量反而更高，这说明集中决策虽然不利于直销渠道的产品销售，但对提高整个双渠道供应链系统的总销量有很大帮助。

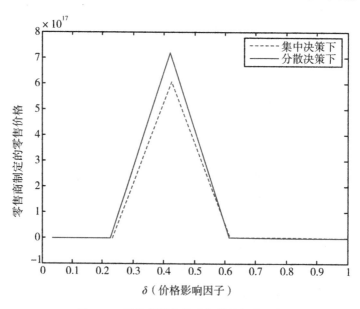

图 7.1　零售商制定的零售价格间的比较

图 7.5 和图 7.6 从逆向供应链的角度进行描述，相比于分散决策，集中决策能够提高零售商对于废旧产品的回收价格，从而提高废旧产品在回收渠道

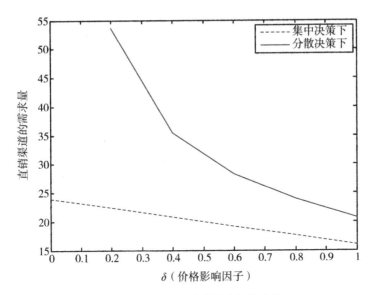

图 7.2 直销渠道需求量之间的比较

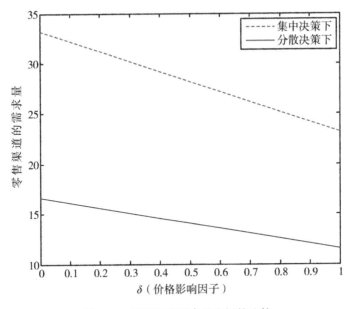

图 7.3 零售渠道需求量之间的比较

的回收量,从环境保护这一角度来看,显然有利于社会绿色环保效应的
提升。

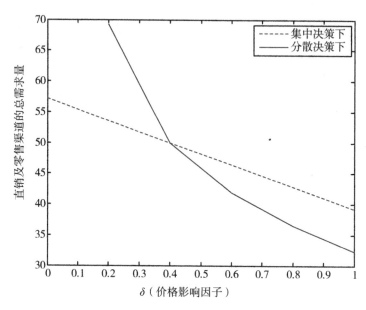

图 7.4　直销与零售渠道的总需求量间的比较

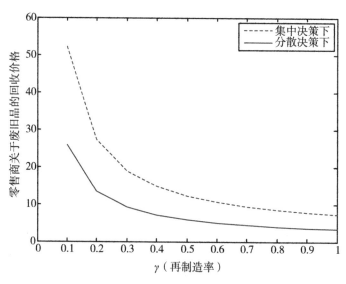

图 7.5　零售商关于废旧品回收价格间的比较

　　图 7.7 和图 7.8 从双渠道供应链系统总利润的角度进行分析，相比于分散决策，集中决策将制造商和零售商视为一个整体进行完全合作统一决策，这

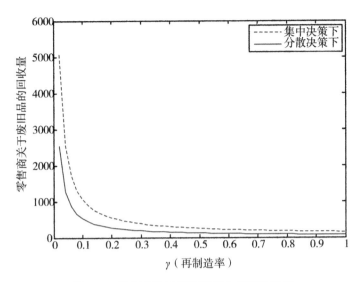

图7.6 零售商关于废旧品回收量间的比较

时制造商和零售商目标一致，有助于提升整个双渠道供应链系统的总利润，避免了分散决策下存在的"双重边际效应"。

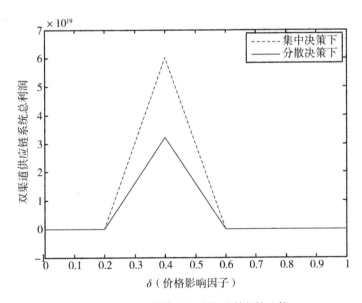

图7.7 双渠道供应链系统总利润的比较

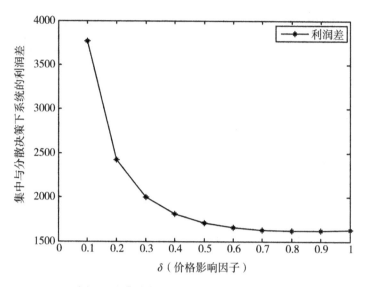

图 7.8　集中与分散决策下系统的利润差

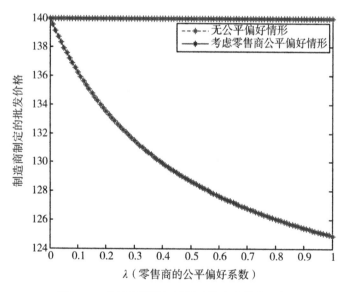

图 7.9　有无公平关切情形下批发价格的比较

图 7.9 和图 7.10 描述了在分散决策情形下，与零售商公平中性相比，零售商公平关切下，当 δ（价格影响因子）较大时，制造商制定的最优批发价格和最优单位专利许可费用均随零售商公平关切系数的增大而降低，这显然会

增加零售商单位产品的销售收益和单位废旧产品的回收收益,有利于零售商获得更多的系统收益。

从图7.11中我们可以看出,零售商利润关于 λ 的偏导大于零,而制造商利

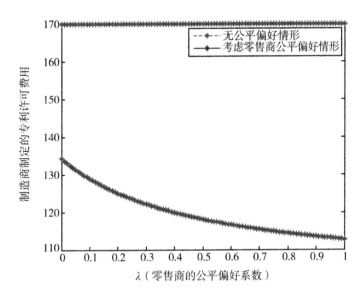

图 7.10　有无公平关切情形下专利许可费的比较

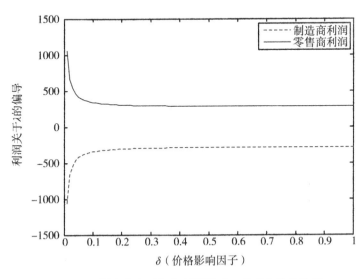

图 7.11　制造商和零售商利润关于 λ 的变化趋势比较

135

润关于 λ 的偏导则小于零，由此可知，制造商和零售商利润的变化相反，零售商可以获得更多系统收益的同时制造商获得的系统收益则会减少，而根据命题 7.6 得出的结论显示，供应链系统的总利润不受公平关切系数的影响，这说明制造商和零售商的利润随着公平关切系数的变化存在一个此消彼长的现象，而两者利润之和不变，零售商可将其作为谈判议价的砝码，提高其与制造商的讨价还价的能力。

7.6　本 章 小 结

本章的主要研究结论有以下几方面：

（1）从正向供应链角度看，相比于分散决策，当价格影响因子较大时，集中决策能够降低产品的零售价格，提高零售渠道的产品需求量，对于直销渠道产品的需求量更低，但正向供应链产品的总需求量更高，集中决策虽然不利于直销渠道的产品销售，但对提高整个双渠道供应链系统的总销量有帮助。

（2）从逆向供应链角度看，相比于分散决策，集中决策能够提高零售商对于废旧产品的回收价格，从而提高回收渠道关于废旧产品的回收量。

（3）从双渠道供应链系统看，集中决策将制造商和零售商视为一个整体进行完全合作统一决策，有助于提升双渠道供应链系统的总利润。

（4）零售商零售价格的制定受制造商批发价格和直销价格的双重影响，在双渠道供应链中，由于不可避免地存在渠道竞争，零售渠道的定价策略也会受到直销渠道定价策略的影响。

（5）与零售商公平中性相比，零售商公平关切时，当价格影响因子较大，制造商制定的最优批发价格和最优专利许可费用均随零售商公平关切系数的增加而降低，能够增加零售商单位产品的销售收益和单位废旧产品的回收收益，有利于零售商获得更多的系统收益，系统的总利润不受公平关切系数的影响，制造商和零售商的利润随公平关切系数的变化存在一个此消彼长的现象。

此外，本研究的局限性：

（1）仅考虑了零售商的公平关切，实践中，制造商也会有公平关切，当制造商与零售商均具有公平关切时，他们各自的公平关切系数对决策的影响需进一步探讨。

（2）仅考虑了纵向公平关切，当供应链内部存在横向竞争时，供应链成员除了会产生纵向公平关切，还会产生横向公平关切，未来可进一步研究不同类型的公平关切对供应链决策会产生怎样的影响。

（3）未考虑到信息不对称，当零售商或制造商存在私有信息时，它们的公平关切系数对双渠道闭环供应链的影响也是未来进一步的研究方向。

第8章 考虑再制造商公平关切的两级再制造供应链定价决策

8.1 引　言

随着资源和环境问题的日益凸显，企业和社会越来越重视废旧产品的回收和再制造。苹果、惠普、富士、施乐等国际知名企业将再制造纳入公司的整体战略，施乐公司在五年内通过回收和再制造节省了2亿美元的材料成本；惠普生产的可重复使用的打印机墨盒已经产生了相当大的经济和社会效益；大众汽车关于其发动机的生产也实施了再制造。因此，有关于再制造的相关问题引起了学术界的广泛关注。

另一方面，考虑到成本、品牌和保密要求，原制造商通常不亲自参与普通部件的再制造活动，并将普通部件(如空调蒸发器)转移到再制造商进行生产，核心部件(如空调压缩机)需要由供应商进行再制造，我们称之为两级再制造模式。但是，这些部件都受到供应商在专利上的保护，因此，再制造商需要向供应商支付专利许可费。

此外，人类的行为倾向确实客观存在，决策者也会表现出行为倾向，这已被大量的实验设计和实证科研机构所证实。也就是说，决策者除了关心自己的利益也关心其他成员的利益和行为，大多数供应链决策者不完全理性，会存在"公平关切"心理，决策时会受到公平关切行为的影响，从而偏离大多数人完全理性的假设(Ozgun 等，2010)。然而，在大多数研究中，决策者都被一致认为是完全理性的，忽略了决策者会受到有限理性约束的现实情况。

在再制造相关问题中，研究制造商公平关切的文献有很多，但研究再制造商公平关切的文献却较少。事实上，在对专利产品进行再制造过程中，原制造商会向再制造商收取部分专利许可费，因此，作为实现再制造利益的主体，必须注意原制造商与自身之间的利益分配，因此，考虑到公平关切，研究再制造相关问题具有重要的现实意义。在本章中，我们将再制造商的公平关切加入专利保护下的两级再制造模型中去，即供应商许可再制造商再制造普通部件，而核心部件仍需由供应商再制造，分析了公平关切对供应商、装配商和再制造商定价决策的影响，本章主要关注的问题为：

（1）在三个模型（模型 N、模型 F 和模型 NF）中，从供应链成员和整个供应链的角度来看哪一种最好？

（2）在不同模式下，再制造商的公平关切怎样影响两级再制造供应链的定价决策？

8.2 模型描述和假设

我们考虑的两级再制造供应链由供应商、具有销售功能的装配商和具有装配功能的再制造商组成，决策结构如图 8.1 所示，我们用 N 来表示再制造商无公平关切的情况，F 表示供应商关心再制造商公平关切的情况，NF 表示供应商不关心再制造商公平关切的情况，供应商制造零部件 i 的成本为 C_{si}，材料采购成本为 $m_i(i = 1, 2)$，然后将零部件 $i(i = 1, 2)$ 以批发价格 W_{ki}，$k \in \{N, F, NF\}$，$i = 1, 2$，向装配商批发，装配商将两个零部件以装配成本 A_m 按 1∶1 组装成新产品，然后以零售价 P_{km}，$k \in \{N, F, NF\}$，卖给市场。

另一方面，再制造商以单位回收成本 C_c 从市场上回收废旧产品，对废旧产品清洗分离后，所使用的产品可分离为两个部件（例如，二手空调可分为视为核心部件的压缩机和冷凝器、蒸发器和可视为普通部件的四路阀）：零部件 1 和零部件 2，其中零部件 1 是可由再制造商直接再制造为再制造零部件 1 的普通部件（以避免过于复杂的结果，我们假设零部件 1 的再制造成本包含在再制造产品的组装成本 A_r 中，如本章后文所示）；零部件 2 是需要转移到供应商，并以再制造成本 C_{r2} 进行再制造的核心零部件（我们假设转移是免费的，零部件 2 的批发价格折扣比率如下），然后，供应商批发再制造零部件 2 的批发价格为 γW_{k2}，$k \in \{N, F, NF\}$，其中，γ 表示零部件 2 的批发价格折扣比率，然后再制造商以 1∶1 的比例组装再制造零部件 1 和零部件 2（为了简化模型，

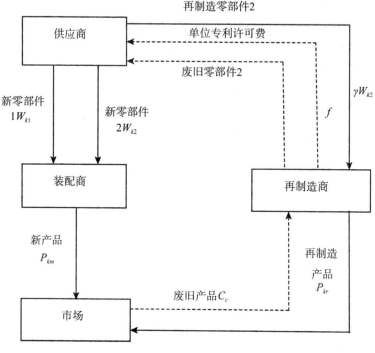

图 8.1　两级再制造供应链的结构模型

我们假设装配比例为 1∶1) 以装配成本 A, 装配成再制造品, 然后以零售价格 P_{kr}, $k \in \{N, F, NF\}$, 卖给市场。

新产品和再制造产品在销售市场上形成了伯兰特竞争, 新再制造产品的需求分别为 $D_{km} = \phi - bP_{km} + dP_{kr}$ 和 $D_{kr} = \phi - bP_{kr} + dP_{km}$, $k \in \{N, F, NF\}$, 其中 $\phi > 0$ 表示新再制造产品的潜在市场能力(我们假设新再制造产品的潜在市场能力是一样的, 为简化模型和结果, 这不会改变本章的主要发现), b 表示价格弹性系数, d 表示新产品和再制造产品间的替代系数, 我们假设 $b > d > 0$ 表示对产品零售价格的敏感性相对高于对替代产品零售价格的敏感性。

同时, 零部件的再制造也受到供应商的专利保护, 因此再制造商需要为一件再制造的零部件 1 向供应商支付专利许可费 f。此外, 根据 Loch 等(2008), 再制造商关注再制造商和供应商之间的公平性, 而再制造商的公平效用 $U_f(\Pi_{kr}) = \Pi_{kr} - \lambda(\Pi_{ks} - \Pi_{kr})$, $k \in \{F, NF\}$, 其中 $\lambda \geqslant 0$ 表示再制造商的公平关切系数，Π_{ks} 和 Π_{kr} 分别表示供应商和再制造商的利润。此外，我们分别使用 Π_{ka} 和 Π_k 表示装配商和供应链的利润，表 8.1 总结了本章的符号。

表 8.1　符　号　描　述

符号	描　　述
模型参数	
ϕ	新产品和再制造产品的潜在市场能力
b	价格对需求的弹性系数
d	新产品和再制造产品之间的替代系数
D_{kj}	j 在 k 情况下的产品需求
C_{si}	供应商对 i 零部件的制造成本
m_i	i 零部件的材料采购成本
A_i	i 产品的装配成本
C_c	废旧产品的回收成本
γ	零部件 2 的批发价格折扣比率
f	再制造零部件的单位专利许可费
决策变量	
W_{ki}	i 在 k 情况下的零部件批发价格
P_{kj}	j 在 k 情况下的产品零售价格
其他符号	
Π_{ks}	k 情况下供应商的利润
Π_{ka}	k 情况下装配商的利润
Π_{kr}	k 情况下再制造商的利润
Π_k	k 情况下整个供应链的利润
下标 k	$k \in \{N, F, NF\}$ 指无公平关切行为，供应商关心再制造商的公平关切行为以及供应商不关心再制造商的公平关切行为
下标 i	$i \in \{1, 2\}$ 分别指零部件 1 和零部件 2
下标 j	$j \in \{m, r\}$ 分别指新产品和再制造产品

8.3　模型建立与分析

在本节中，我们将求解和分析两级再制造均衡解的三种情况：① 不存在公平关切行为；② 供应商关心再制造商的公平关切；③ 供应商不关心再制造商的公平关切，分别描述为 N 模型、F 模型和 NF 模型。

8.3.1　无公平关切行为(N 模型)

在这种情况下，无公平关切行为，供应商、装配商和再制造商的决策分别是：

$$\text{Max } \Pi_{Ns}(W_{N1}, W_{N2}) = (W_{N1} - m_1 - C_{s1} + W_{N2} - m_2 - C_{s2})$$
$$(\phi - bP_{Nm} + dP_{Nr}) + (\gamma W_{N2} - C_{s2} + f)$$
$$(\phi - bP_{Nr} + dP_{Nm}) \tag{8.1}$$

$$\text{Max } \Pi_{Na}(P_{Nm}) = (P_{Nm} - W_{N1} - W_{N2} - A_m)(\phi - bP_{Nm} + dP_{Nr}) \tag{8.2}$$

$$\text{Max } \Pi_{Nr}(P_{Nr}) = (P_{Nr} - C_c - \gamma W_{N2} - A_r - f)(\phi - bP_{Nr} + dP_{Nm}) \tag{8.3}$$

供应商作为领导者，装配商和再制造商都作为跟随者，装配商和再制造商在伯特兰中竞争。决策过程如下：供应商首先决定零部件 1 和零部件 2 的批发价格，使自身利润最大化，然后，装配商和再制造商再决定由零部件 1 和零部件 2 组成的新产品的零售价格。

为简单起见，我们在本章中用 $G = C_{s1} + C_{s2} + m_1 + m_2$，$S = C_{s1} + m_1 + m_2$，$T = C_{s2} + m_1 + m_2$ 来表示，可以得到以下均衡决策(解决过程见附录)：

$$W_{N1}^* = \frac{(b - d)(A_r + 2f + C_{s2}(-1 + \gamma) + \gamma(-A_m + S) + C_c) + (-1 + \gamma)\phi}{2(b - d)\gamma} \tag{8.4}$$

$$W_{N2}^* = \frac{-(b - d)(A_r - C_{s2} + 2f + C_c) + \phi}{2(b - d)\gamma} \tag{8.5}$$

$$P_{Nm}^* = \frac{b(b - d)(2A_m b + 2bG + d(A_r + C_{s2} + C_c)) + (3b - 2d)(2b + d)\phi}{2(b - d)(4b^2 - d^2)} \tag{8.6}$$

$$P_{Nr}^* = \frac{b(b-d)(2A_r b + d(A_m + G) + 2b(C_{s2} + C_c)) + (3b - 2d)(2b + d)\phi}{2(b-d)(4b^2 - d^2)} \quad (8.7)$$

因此,将(8.4)式和(8.7)式代入(8.1)式和(8.3)式,我们可以获得供应商、装配商、再制造商和供应链系统的均衡利润,文中省略,因为它们太复杂,我们将在数值分析部分进行分析。

我们可以得到:

命题8.1 为了得到在无公平关切行为情况下两个零部件的批发价格和单位专利许可费之间的关系,我们有:

(ⅰ)零部件 1 的批发价格随着单位专利许可费的增加而增加(即$\partial W_{N1}^* / \partial f > 0$);

(ⅱ)零部件 2 的批发价格随着单位专利许可费的增加而降低(即$\partial W_{N1}^* / \partial f < 0$)。

命题8.1指出,在不涉及公平关切行为的情况下,单位专利许可费的增加导致了零部件1批发价格的上升、零部件2批发价格的下降,这是因为随着单位专利许可费的增加,供应商降低了零部件2的批发价格,以鼓励再制造商对废旧产品进行再制造,同时,供应商增加了零部件1的批发价格以弥补其利润损失。

命题8.2 为了获取在无公平关切的情况下产品的零售价格与装配成本之间的关系,我们有:

(ⅰ)新产品和再制造产品的销售价格均随装配商装配成本的增加而增加(即 $\partial P_{Nm}^* / \partial A_m > 0, \partial P_{Nr}^* / \partial A_m > 0$);

(ⅱ)新产品和再制造产品的销售价格也随再制造商装配成本的增加而增加(即 $\partial P_{Nm}^* / \partial A_r > 0, \partial P_{Nr}^* / \partial A_r > 0$)。

命题8.2指出,在无公平关切情况下,随着装配商装配成本的增加,新产品和再制造产品的零售价都增加;随着再制造商装配成本的增加,新产品和再制造产品的零售价格也增加,这是因为随着装配商装配成本的增加,装配商为了提升自己的利润而提高新产品的零售价格,导致新产品的需求减少,而再制造产品的需求增加,因此装配商增加再制造产品的零售价格来增加自己的利润,同样地,再制造商装配成本的增加也将导致新产品和再制造产品零售价格的增加。

143

8.3.2　供应商关心再制造商的公平关切行为(F 模型)

在这种情况下，供应商关心再制造商的公平关切，而再制造商根据供应商的决定，做出最大化其公平效用的决定，此时，供应商、装配商和再制造商的决策分别是：

$$\text{Max } \Pi_{Fs}(W_{F1}, W_{F2}) = (W_{F1} - m_1 - C_{s1} + W_{F2} - m_2 - C_{s2})(\phi - bP_{Fm} + dP_{Fr})$$
$$+ (\gamma W_{F2} - C_{s2} + f)(\phi - bP_{Fr} + dP_{Fm}) \tag{8.8}$$

$$\text{Max } \Pi_{Fa}(P_{Fm}) = (P_{Fm} - W_{F1} - W_{F2} - A_m)(\phi - bP_{Fm} + dP_{Fr}) \tag{8.9}$$

$$\text{Max } U_f(P_{Fr}) = (1 + \lambda)(P_{Fr} - C_c - \gamma W_{F2} - A_r - f)(\phi - bP_{Fr} + dP_{Fm})$$
$$- \lambda \big[(W_{F1} - m_1 - C_{s1} + W_{F2} - m_2 - C_{s2})(\phi - bP_{Fm} + dP_{Fr})$$
$$+ (\gamma W_{F2} - C_{s2} + f)(\phi - bP_{Fr} + dP_{Fm}) \big] \tag{8.10}$$

该决策结构类似于第 8.3.1 节，不同之处在于，再制造商做出最大化其公平性的决定涉及效用。

然后，我们可以使用与第 8.3.1 节相同的方法得到平衡决策(求解过程和结果见附录)，由于均衡结果很复杂，我们只将它们表示为 W_{F1}^*、W_{F2}^*、P_{Fm}^* 和 P_{Fr}^*，并分别如附录中的(A11)、(A12)、(A13)和(A14)所示。

我们可以得到供应商和装配商相应的均衡利润以及再制造商的均衡效用。

命题 8.3　为了得到供应商关心再制造商公平关切下，两个零部件的批发价格以及供应商的单位专利许可费之间的关系，我们有：

(i) 零部件 1 的批发价格随着单位专利许可费的增加而增加(即 $\partial W_{F1}^*/\partial f > 0$)；

(ii) 零部件 2 的批发价格随着单位专利许可费的增加而降低(即 $\partial W_{F2}^*/\partial f < 0$)。

命题 8.3 指出，在供应商关心再制造商公平关切行为的情况下，单位专利许可费的增加导致了零部件 1 批发价格的上升和零部件 2 批发价格的下降。这是因为随着单位专利许可费的增加，供应商降低了零部件 2 的批发价格，以鼓励再制造商对更多的废旧产品进行再制造，同时，供应商增加了零部件 1 的批发价格以弥补其利润损失。

命题 8.4　为了获取在供应商关心再制造商公平关切行为情况下，产品零

售价格与再制造商装配成本之间的关系,我们有:

(i) 新产品和再制造产品的销售价格均随装配商装配成本的增加而增加(即 $\partial P^*_{Fm}/\partial A_m > 0$, $\partial P^*_{Fr}/\partial A_m > 0$);

(ii) 新产品和再制造产品的销售价格也均随再制造商装配成本的增加而增加(即 $\partial P^*_{Fm}/\partial A_r > 0$, $\partial P^*_{Fr}/\partial A_r > 0$)。

命题8.4指出,在供应商关心再制造商公平关切下,新产品和再制造产品的零售价格都随装配商装配成本的增加而增加;新产品和再制造产品的零售价格也都随再制造商装配成本的增加而增加,这是因为随着装配商装配成本的增加,装配商通过增加新产品的零售价格来增加自己的利润,导致新产品的需求减少,而再制造产品的需求增加,因此,装配商增加再制造产品的零售价格来增加自己的利润,同样地,再制造商装配成本的增加也将导致新产品和再制造产品的零售价格的增加。

8.3.3 供应商不关心再制造商的公平关切行为(NF 模型)

在这种情况下,供应商不关心再制造商的公平关切,再制造商在供应商决定的基础上最大化其公平效用,但供应商是以再制造商为公平中立的假设来做出决定。

我们可以得到以下的均衡决策(解决过程见附录):

$$W^*_{\mathrm{NF1}} = \frac{\begin{array}{c}(b - d)(A_r + 2f + C_{s2}(-1+\gamma) + \gamma(-A_m + S) \\ + C_c) + (-1+\gamma)\phi\end{array}}{2(b-d)\gamma} \tag{8.11}$$

$$W^*_{\mathrm{NF2}} = \frac{-(b-d)(A_r - C_{s2} + 2f + C_c) + \phi}{2(b-d)\gamma} \tag{8.12}$$

$$
\begin{aligned}
P^*_{\mathrm{NFm}} = \frac{1}{2(b-d)(4b^2-d^2)(1+\lambda)} \Big(& 2b^3 G(1+\lambda) + A_m(b-d) \\
& (d^2\lambda + 2b^2(1+\lambda)) + bd(-d(A_r + C_{s2} + C_c) + dG\lambda - \phi) \\
& + b^2(d(A_r - 2S - C_{s2} + C_c - 2G\lambda) + 6(1+\lambda)\phi) \\
& + d^2(-dG\lambda - (2+3\lambda)\phi) \Big)
\end{aligned}
\tag{8.13}
$$

$$P_{\text{NFr}}^* = \frac{1}{2(b-d)(4b^2-d^2)(1+\lambda)} \Bigg(2A_r b^2(b-d) + 2b^3(C_{s2}+C_c)$$

$$- 2d^2(1+\lambda)\phi - bd(1+3\lambda)(d(A_m+G)+\phi) + b^2(d(A_m$$

$$+ S - C_{s2} - 2C_c + 3(A_m+G)\lambda) + 6\phi + 8\lambda\phi) \Bigg) \tag{8.14}$$

与第 8.3.2 节类似，可以获得供应商和装配商的均衡利润以及制造商的均衡公平效用。

我们可以得到：

命题 8.5　为了得到供应商不关心再制造商的公平关切行为情况下，两个零部件的批发价格以及单位专利许可费间的关系，我们有：

（ i ）零部件 1 的批发价格随着单位专利许可费的增加而增加（即 $\partial W_{\text{NF1}}^*/\partial f > 0$）；

（ ii ）零部件 2 的批发价格随着单位专利许可费的增加而降低（即 $\partial W_{\text{NF2}}^*/\partial f < 0$）。

命题 8.5 指出，在供应商不关心再制造商公平关切行为的情况下，单位专利许可费的增加导致了零部件 1 批发价格的上升和零部件 2 批发价格的下降。这是因为随着单位专利许可费的增加，供应商降低了零部件 2 的批发价格，用来激励再制造商进行更多废旧产品的再制造，同时，供应商增加零部件 1 的批发价格以弥补其利润损失。

命题 8.6　为了获取在供应商不关心再制造商公平关切行为的情况下，产品的销售价格与再制造商的装配成本之间的关系，我们有：

（ i ）新产品和再制造产品的销售价格均随装配商装配成本的增加而增加（即 $\partial P_{\text{NFm}}^*/\partial A_m > 0$，$\partial P_{\text{NFr}}^*/\partial A_m > 0$）；

（ ii ）新产品和再制造产品的销售价格也均随再制造商装配成本的增加而增加（即 $\partial P_{\text{NFm}}^*/\partial A_r > 0$，$\partial P_{\text{NFr}}^*/\partial A_r > 0$）。

命题 8.6 指出，在供应商不关心再制造商公平关切行为的情况下，新产品和再制造产品的零售价格都随装配商装配成本的增加而增加；新产品和再制造产品的零售价格也都随再制造商装配成本的增加而增加，这是因为随着装配商装配成本的增加，装配商增加新产品的零售价格来增加自己的利润，导致新产品的需求减少，而再制造产品的需求增加。因此，装配商增加再制造产品的零售价格来增加自己的利润，同样地，再制造商装配成本的增加也将会导致新产品和再制造产品零售价格的上升。

8.4 数值分析

在本节中，我们使用数值分析来验证本书一些关键参数对均衡决策和利润的影响。从本章的角度出发，分析公平关切系数对模型的影响，有助于供应商和再制造商制定批发、回收以及两级再制造决策，进而影响装配商的生产决策，有助于阐明公平关切对两级再制造供应链的影响，参数如下：$\phi = 150$，$b = 4$，$d = 2$，$A_m = 10$，$A_r = 6$，$C_{s1} = 4$，$C_{s2} = 5$，$\gamma = 0.5$，$m_1 = 1$，$m_2 = 2$，$f = 4$，$\lambda = 8$。

数值分析分为三个部分：① 分析 γ 对零部件1、零部件2均衡批发价格的影响；② 分析 λ 和 γ 对供应商关心再制造商的公平关切下均衡决策和利润的影响；③ 分析 λ 和 γ 对供应商不关心再制造商的公平关切下均衡决策和利润的影响，具体如下：

（1）当再制造商不考虑公平关切时，零部件2的批发价格折扣比率 γ 对零部件1和零部件2批发价格的影响，如图8.2所示。

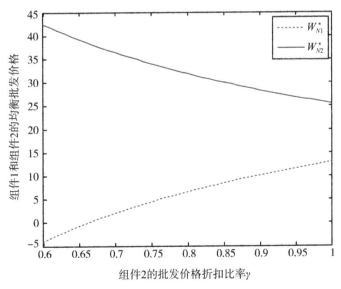

图8.2　N模型中零部件1和零部件2均衡批发价格与零部件2批发价格折扣比率的关系

图 8.2 表明，当再制造商无公平关切行为时，随着零部件 2 批发价格折扣比率的提高，供应商降低零部件 2 的批发价格，以此鼓励再制造商购买零部件 2，提高零部件 1 的批发价格，以补偿零部件 2 的利润损失。

（2）当供应商关心再制造商的公平关切时，公平性关切系数 λ 对零部件 1 和 2 的批发价格的影响，如图 8.3 所示。

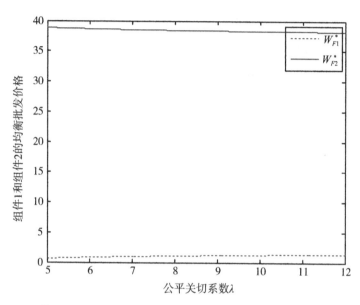

图 8.3　F 模型中零部件 1 和零部件 2 的均衡批发价格与公平关切系数的关系

图 8.3 表明，当供应商关心再制造商的公平关切时，随着公平关切系数的增加，再制造商更关注自己与供应商之间的公平，因此供应商降低零部件 2 的批发价格，鼓励再制造商购买零部件 2，提高零部件 1 的批发价格，以补偿零部件 2 的利润损失。

（3）当供应商关心再制造商的公平关切时，零部件 2 的批发价格折扣比率 γ 对零部件 1 和零部件 2 批发价格的影响，如图 8.4 所示。

图 8.4 表明，当供应商关注再制造商的公平关切时，随着零部件 2 的批发价格折扣比率的提高，供应商降低零部件 2 的批发价格，鼓励再制造商向她购买再制造零部件 2，提高零部件 1 的批发价格，补偿零部件 2 损失掉的利润。

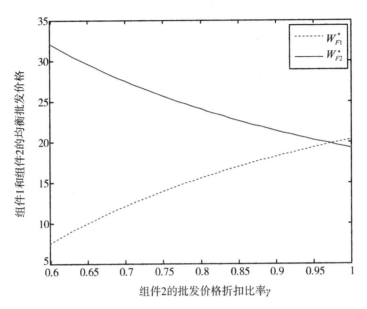

图 8.4 F 模型中零部件 1 和零部件 2 的均衡批发价格与零部件 2 的批发价格折扣率的关系

（4）当供应商关注再制造商的公平关切时，公平关切系数 λ 对新产品和再制造产品零售价格及需求的影响，如图 8.5 和图 8.6 所示。

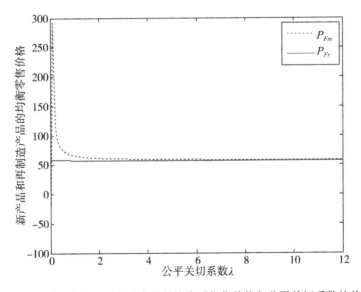

图 8.5 F 模型中新、再制造产品的均衡零售售价格与公平关切系数的关系

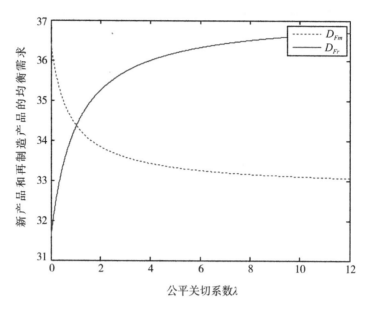

图 8.6　F 模型中新、再制造产品的均衡需求与公平关切系数的关系

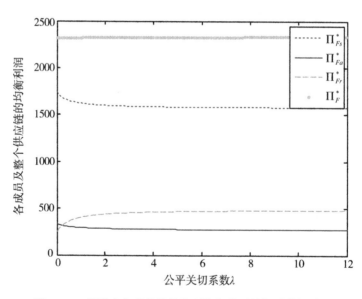

图 8.7　F 模型中各成员的均衡利润与公平关切系数的关系

从图 8.5 可以看出，随着再制造商公平关切系数的增加，供应商降低了部

件2的批发价格，从而降低了再制造产品的销售价格，与此同时，增加了再制造产品的市场需求，因此，装配商也进一步降低了新产品的销售价格，增加了新产品的市场需求。

图8.6表明，虽然装配商降低了新产品的销售价格，但由于零部件1的再制造成本优势和零部件2的批发价格折扣，再制造产品需求增加，新产品需求随公平关切系数的增加而降低。

（5）当供应商关心再制造的公平关切时，公平关切系数 λ 对供应商、装配商、再制造商和供应链利润的影响，分别见图8.7和表8.2。

表8.2　F模型中公平关切系数对相关利润的影响

λ	Π_{Fs}^{*}	Π_{Fa}^{*}	Π_{Fr}^{*}	$\Pi_{Fr}^{*} - \Pi_{Fs}^{*}$	Π_{F}^{*}
0	1738.8	331.24	249.64	−1489.2	2319.7
1	1623.7	295.78	404.76	−1218.9	2324.2
2	1601.9	286.39	439.04	−1162.9	2327.4
3	1592.8	281.96	454.25	−1138.6	2329.1
4	1587.9	279.37	462.86	−1125.0	2330.1
5	1584.7	277.67	468.39	−1116.3	2330.8
6	1582.5	276.47	472.25	−1110.3	2331.3
7	1581.0	275.57	475.10	−1105.9	2331.6
8	1579.8	274.88	477.28	−1102.5	2331.9
9	1578.8	274.33	479.01	−1099.8	2332.2
10	1578.1	273.88	480.42	−1097.6	2332.4
11	1577.4	273.51	481.58	−1095.8	2332.5
12	1576.9	273.19	482.56	−1094.3	2332.6

从图8.7和表8.2可以看出，当供应商关注再制造商的公平关切行为时，随着公平关切系数的增加，零部件1的批发价格上涨，零部件2的批发价格下降，从而降低再制造产品的零售价格，增加再制造产品的市场需求，由此，便会导致新产品的市场需求下降。因此，供应商和装配商的利润都减少了，而再制造商的利润却增加了，供应链的利润增加了。另一方面，供应商与再

制造商之间的利润差距随着公平关切系数的增大而减小，说明公平关切在一定程度上可以缩小供应商与零售商之间的利润差距。

此外，在 $\lambda = 0$ 的情况下，我们可以发现，供应商和装配商的利润都高于有公平关切的情形，而再制造商的利润则低于有公平关切的情形，因为供应商关心再制造商的公平关切增加了对再制造产品的需求，降低了对于新产品的市场需求。

（6）当供应商不关心再制造商的公平关切行为时，零部件 2 的批发价格折扣比率 γ 对零部件 1 和零部件 2 批发价格的影响，如图 8.8 所示。

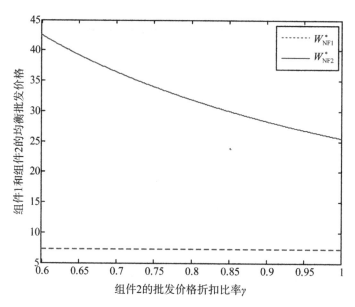

图 8.8　NF 模型中零部件 1 和零部件 2 均衡批发价格与批发价格折扣比率的关系

图 8.8 体现的零部件 2 的批发价格折扣比率 γ 对零部件 1 和零部件 2 批发价格的影响与供应商关心再制造商的公平关切行为的情况相同，但图 8.8 中零部件 1 的批发价格小于图 8.4，图 8.8 中零部件 2 的批发价格高于图 8.4，因为相对于供应商关心再制造商的公平关切时，供应商不关心的情况下提高了零部件 2 的批发价格，从而降低了零部件 1 的批发价格，以鼓励装配商从供应商处购买零部件 1。

（7）当供应商不关心再制造商的公平关切时，公平关切系数 λ 对新产品和再制造产品的零售价格和需求的影响，分别见图 8.9 和图 8.10。

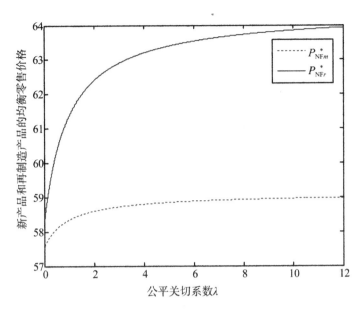

图 8.9 NF 模型中新、再制造产品均衡零售价格与公平关切系数的关系

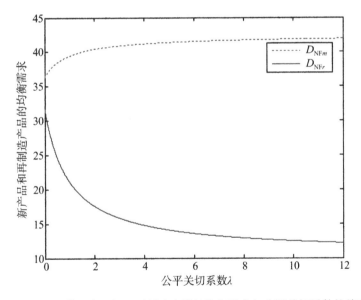

图 8.10 NF 模型中，新、再制造产品的均衡需求与公平关切系数的关系

从图 8.9 中可以看出，当供应商不关心再制造商的公平关切时，新再制造产品的零售价格都随公平关切系数的增加而增加，再制造产品的零售价格都

153

高于新产品，这是因为随着公平关切系数的增加，供应商并没有降低零部件2的批发价格，所以再制造商提高了再制造产品的销售价格，以此增加自身利润，从而减少了再制造产品的需求，对新产品的需求增加，如图8.10所示，因此装配商提高了新产品的销售价格以增加自己的利润。

（8）当供应商不关心再制造商的公平关切行为时，图8.11和表8.3描述了公平关切系数λ对零部件1和零部件2的批发价格、新产品和再产品的零售价格、供应商、装配商、再制造商和供应链的影响，图8.12描述了供应商关心再制造商的公平关切和供应商不关心再制造商的公平关切时，再制造商公平效用的变化。

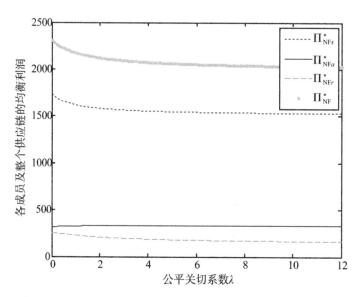

图8.11　NF模型中各成员的均衡利润与公平关切系数的关系

表8.3　公平关切系数对NF模型中相关利润的影响

λ	Π_{NFs}^{*}	Π_{NFa}^{*}	Π_{NFr}^{*}	$\Pi_{NFr}^{*} - \Pi_{NFs}^{*}$	Π_{NF}^{*}
0	1738.8	316.68	249.64	−1489.2	2305.1
1	1617.8	328.00	229.99	−1387.9	2175.8
2	1582.1	331.28	209.44	−1372.6	2122.8
3	1564.7	332.82	196.54	−1368.1	2094.0

续表

λ	Π^*_{NFs}	Π^*_{NFa}	Π^*_{NFr}	$\Pi^*_{NFr} - \Pi^*_{NFs}$	Π^*_{NF}
4	1554.3	333.72	187.96	−1366.4	2076.0
5	1547.5	334.31	181.89	−1365.6	2063.7
6	1542.7	334.72	177.38	−1365.3	2054.8
7	1539.0	335.02	173.91	−1365.1	2048.0
8	1536.2	335.26	171.15	−1365.1	2042.6
9	1534.0	335.45	168.91	−1365.1	2038.3
10	1532.1	335.60	167.05	−1365.1	2034.8
11	1530.6	335.72	165.49	−1365.1	2031.8
12	1529.3	335.83	164.16	−1365.2	2029.3

　　图8.11和表8.3表明，当供应商不关心再制造商的公平关切时，再制造产品的零售价格随公平关切系数的增加而增加，将增加再制造产品的单位利润，导致再制造产品的需求减少，供应商和再制造商的利润下降；另一方面，对新产品的需求增加，因此装配商提高了新产品的零售价格，以增加新

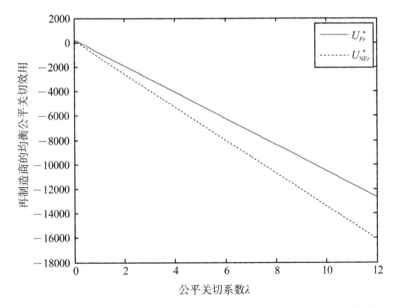

图8.12　F模型和NF模型中再制造商的均衡效用与公平关切系数的关系

产品的单位利润，从而导致装配商的利润增加，而供应链的利润下降。此外，供应商和再制造商之间的利润差随着公平关切系数的增大先减小后增大，这意味着由于供应商不关心再制造商的公平关切，所以公平关切并不会缩小供应商和再制造商两者间的利润差。

此外，在 $\lambda = 0$ 无公平关切情况下，供应商和再制造商的利润都高于有公平关切时的情况，而装配商的利润在这种情况下是低于有公平关切行为时的情况，这是因为供应商不关心再制造商的公平关切，导致对于再制造产品市场需求的减少和新产品市场需求的增加。

从图 8.12 可以看出，在 F 模型和 NF 模型两种情况下，再制造商的公平效用都随公平关切系数的增加而降低，此外，供应商不关心再制造商的公平关切时，再制造商效用下降的速度快于在供应商关心再制造商的公平关切时下降的速度，原因与上述相同。

8.5　本 章 小 结

本章研究了涉及专利保护下再制造商的公平关切行为的两级再制造模型，从以下三种情况讨论了定价策略：① 不存在公平关切行为；② 再制造商有公平关切，供应商关心再制造商的公平关切；③ 再制造商有公平关切，但供应商不关心再制造商的公平关切。通过供应商、装配商和再制造商之间的斯塔克尔伯格博弈，得到了零部件 1 和零部件 2 的均衡批发价格、新产品和再制造产品的均衡销售价格、供应商、装配商和再制造商的均衡利润。我们发现，所有情况零部件 1 的均衡批发价格都随着单位专利许可费的增加而增加，而零部件 2 的均衡批发价格都随着单位专利许可费的增加而降低。另一方面，通过数值分析发现：

（1）在供应商关注再制造商的公平关切时，零部件 1 的均衡批发价格、新产品的均衡销售价格和整个供应链系统的利润随公平关切系数的增大而增大，零部件 2 的均衡批发价格、再制造产品的均衡销售价格、供应商、装配商以及再制造商的均衡利润随公平关切系数的增加而降低。

（2）在供应商不关注再制造商的公平关切时，新产品的再制造产品的销售价格、装配商的均衡利润都随公平关切系数的增加而增加，供应商、再制造商的均衡利润以及供应链系统的总利润均随公平关切系数的增加而降低。

（3）F 模型对再制造商和整个供应链是最有利的，N 模型对供应商是最有利的，NF 模型对装配商是最有利的，这也符合我们的正常逻辑。因此，在实践中，供应商关注再制造商的公平关切对提高整个供应链的运行效率具有一定的促进作用。

在未来的研究中，我们可以从以下几个方向扩展我们的研究。首先，本章仅将单位专利许可费作为一个参数，事实上，专利许可费也是影响供应商和再制造商的决策和利润的一个重要因素。因此，将专利许可费作为决策变量的研究模型将是很有趣的。其次，我们只考虑一种由两个零部件组成的产品，但在现实中，企业往往不仅销售一种产品，所以，未来我们将考虑包括高端产品和低端产品这两种产品。最后，再制造商回收的废旧产品通常具有不同的质量水平，因此废旧产品的质量问题也值得进一步研究。

附　　录

8.3.1 中 N 模型均衡解的求解过程

取（8.2）式和（8.3）式分别对 P_{Nm} 和 P_{Nr} 的一阶和二阶导数，有：

$$\frac{\partial \Pi_{Na}(P_{Nm})}{\partial P_{Nm}} = \phi + dP_{Nr} + b(A_m - 2P_{Nm} + W_{N1} + W_{N2})$$

$$\frac{\partial \Pi_{Na}^2(P_{Nm})}{\partial P_{Nm}^2} = -2b < 0$$

$$\frac{\partial \Pi_{Nr}(P_{Nr})}{\partial P_{Nr}} = \phi + dP_{Nm} + b(A_r + f + C_c - 2P_{Nr} + \gamma W_{N2})$$

$$\frac{\partial \Pi_{Nr}^2(P_{Nr})}{\partial P_{Nr}^2} = -2b < 0$$

所以，$\Pi_{Na}(P_{Nm})$ 和 $\Pi_{Nr}(P_{Nr})$ 分别对 P_{Nm} 和 P_{Nr} 都是凹的，并且（8.2）式和（8.3）式有最优解，通过分别对（8.2）式和（8.3）式求关于 P_{Nm} 和 P_{Nr} 的一阶条件，得到：

$$P_{Nm}(W_{N1}, W_{N2}) = \frac{\begin{array}{l} 2b(\phi + b(A_m + W_{N1} + W_{N2})) \\ + d(\phi + b(A_r + f + C_c + \gamma W_{N2})) \end{array}}{-4b^2 + d^2} \tag{A1}$$

$$P_{Nr}(W_{N1}, W_{N2}) = \frac{\begin{array}{l} 2A_r b^2 + A_m bd + 2b^2 f + 2b^2 C_c + 2b\phi + d\phi + bd W_{N1} \\ + b(d + 2b\gamma) W_{N2} \end{array}}{4b^2 - d^2} \tag{A2}$$

我们用 $G = C_{s1} + C_{s2} + m_1 + m_2$, $S = C_{s1} + m_1 + m_2$, $T = C_{s2} + m_1 + m_2$ 表示将（A1）式和（A2）式代入（8.1）式中，有：

$$\text{Max } \Pi_{Ns}(W_{N1}, W_{N2}) = \frac{\begin{array}{l} b(G - W_{N1} - W_{N2})(A_r bd + A_m(-2b^2 + d^2) \\ + bdf + bdC_c + 2b\phi + d\phi - 2b^2 W_{N1} + d^2 W_{N1} \\ - 2b^2 W_{N2} + d^2 W_{N2} + bd\gamma W_{N2}) \end{array}}{-4b^2 + d^2}$$

$$+ \frac{\begin{array}{l} b(C_{s2} - f - \gamma W_{N2})(2A_r b^2 - A_m bd \\ - A_r d^2 + 2b^2 f - d^2 f + 2b^2 C_c - d^2 C_c \\ - 2b\phi - d\phi - bd W_{N1} - bd W_{N2} \\ + 2b^2 \gamma W_{N2} - d^2 \gamma W_{N2}) \end{array}}{4b^2 - d^2}$$

可以得到：

$$\frac{\partial \Pi_{Ns}^2(W_{N1}, W_{N2})}{\partial W_{N1}^2} = \frac{-4b^3 + 2bd^2}{4b^2 - d^2} = \frac{d^2 - 2b^2}{4b^2 - d^2} < 0 \quad (b > d)$$

$\Pi_s(W_1, W_2)$ 关于 W_1 和 W_2 的海塞矩阵：

$$H = \begin{bmatrix} \dfrac{d^2 - 2b^2}{4b^2 - d^2} & \dfrac{2b(-2b^2 + d^2 + bd\gamma)}{4b^2 - d^2} \\[3mm] \dfrac{2b(-2b^2 + d^2 + bd\gamma)}{4b^2 - d^2} & \dfrac{2b(2bd\gamma - 2b^2(1 + \gamma^2) + d^2(1 + \gamma^2))}{4b^2 - d^2} \end{bmatrix}$$

H 的行列式是 $|H| = \dfrac{4b^2(b - d)(b + d)\gamma a^2}{4b^2 - d^2} > 0$，另一方面，从上面的分析可知 $\dfrac{d^2 - 2b^2}{4b^2 - d^2} < 0$，所以 $\Pi_{Ns}(W_{N1}, W_{N2})$ 对 W_1 和 W_2 的海塞矩阵都是负定

的, 因此 $\Pi_s(W_1, W_2)$ 是关于 W_1 和 W_2 的共同凹函数的, 对(A3)式有最优解。

分别取(A3)式对 W_{N1} 和 W_{N2} 的一阶条件, 同时求解方程得到:

$$W_{N1}^* = \frac{\begin{array}{c}(b-d)(A_r + 2f + C_{s2}(-1+\gamma) + \gamma(-A_m + S) + C_c) \\ + (-1+\gamma)\phi\end{array}}{2(b-d)\gamma} \quad (A4)$$

$$W_{N2}^* = \frac{-(b-d)(A_r - C_{s2} + 2f + C_c) + \phi}{2(b-d)\gamma} \quad (A5)$$

然后将 (A4) 式和(A5)式代入 (A1) 式和(A2)式, 得到:

$$P_{Nm}^* = \frac{\begin{array}{c}b(b-d)(2A_m b + 2bG + d(A_r + C_{s2} + C_c)) \\ + (3b-2d)(2b+d)\phi\end{array}}{2(b-d)(4b^2-d^2)} \quad (A6)$$

$$P_{Nr}^* = \frac{\begin{array}{c}b(b-d)(2A_r b + d(A_m + G) + 2b(C_{s2} + C_c)) \\ + (3b-2d)(2b+d)\phi\end{array}}{2(b-d)(4b^2-d^2)} \quad (A7)$$

因此, 将均衡决策(A4)式和(A7)式代入(8.1)式和(8.3)式, 我们可以获得供应商、装配商、再制造商和供应链系统的均衡利润。

8.3.2 中 F 模型均衡解的求解过程

取(8.10)式和(8.11)式分别关于 P_{Fm} 和 P_{Fr} 的一阶和二阶导数, 得到:

$$\frac{\partial \Pi_{Fa}(P_{Fm})}{\partial P_{Fm}} = dP_{Fr} + b(A_m - 2P_{Fm} + W_{F1} + W_{F2}) + \phi$$

$$\frac{\partial \Pi^2{}_{Fa}(P_{Fm})}{\partial P_{Fm}{}^2} = -2b < 0$$

$$\frac{\partial U_{Fr}(P_{Fr})}{\partial P_{Fr}} = A_r b(1+\lambda) + d(P_{Fm} + (G + P_{Fm} - W_{F1} - W_{F2})\lambda)$$
$$\qquad + b(f + C_c - 2P_{Fr} + W_{F2}\gamma + (-C_{s2} + 2f + C_c - 2P_{Fr}$$
$$\qquad + 2W_{F2}\gamma)\lambda) + \phi + \lambda\phi$$

$$\frac{\partial U^2{}_{Fr}(P_{Fr})}{\partial P_{Fr}{}^2} = -2b(1+\lambda) < 0$$

所以, (8.10)式和(8.11)式分别关于 P_{Fm} 和 P_{Fr} 有最优解, 取(8.10)式

和(8.11) 式分别对 P_{Fm} 和 P_{Fr} 的一阶条件, 得到:

$$P_{Fm}(W_{F1}, W_{F2}) = -\frac{\begin{aligned}&2b(1+\lambda)(b(A_m + W_{F1} + W_{F2}) + \phi) + d(A_r b(1+\lambda)\\&+ b(f + C_c) + W_{F2}\gamma + (-C_{s2} + 2f + C_c + 2W_{F2}\gamma)\lambda)\\&+ \phi + \lambda(d(G - W_{F1} - W_{F2}) + \phi))\end{aligned}}{(-4b^2 + d^2)(1+\lambda)}$$

$$(A8)$$

$$P_{Fr}(W_{F1}, W_{F2}) = \frac{\begin{aligned}&b(d(A_m + W_{F1} + W_{F2}) + d(A_m + 2G - W_{F1} - W_{F2})\lambda\\&+ 2A_r b(1+\lambda) + 2b(f + C_c + W_{F2}\gamma + (-C_{s2} + 2f\\&+ C_c + 2W_{F2}\gamma)\lambda)) + (2b + d)(1+\lambda)\phi\end{aligned}}{(4b^2 - d^2)(1+\lambda)}$$

$$(A9)$$

将 (A8) 式和(A9) 式代入(8.9) 式, 得到:

$$\begin{aligned}
\text{Max } \Pi_{Fs}(W_{F1}, W_{F2}) = &-\frac{1}{(4b^2 - d^2)(1+\lambda)}b(G - W_{F1} - W_{F2})(bdf + bdC_c\\
&+ (W_{F1} + W_{F2})(d^2 - 2b^2) + bd\gamma(W_{F2} - C_{s2}) + d^2\lambda(C_{s1} + C_{s2})\\
&+ bd\lambda(2f + C_c + 2\gamma W_{F2}) + d^2\lambda(m_1 + m_2) - 2b^2\lambda(W_{F1} + W_{F2})\\
&+ (1+\lambda)[A_r bd - A_m(2b^2 - d^2) + (2b + d)\phi]\\
&+ (-C_{s2} + f + W_{F2}\gamma)\\
&\left(\phi - \frac{\begin{aligned}&b(b(d(A_m + W_{F1} + W_{F2}) + d(A_m + 2G - W_{F1} - W_{F2})\lambda\\&+ 2A_r b(1+\lambda) + 2b(f + C_c + W_{F2}\gamma + (-C_{s2} + 2f + C_c\\&+ 2W_{F2}\gamma)\lambda)) + (2b + d)(1+\lambda)\phi)\end{aligned}}{(4b^2 - d^2)(1+\lambda)}\right.\\
&\left.-\frac{\begin{aligned}&d(2b(1+\lambda)(b(A_m + W_{F1} + W_{F2}) + \phi) + d(A_r b(1+\lambda)\\&+ b(f + C_c + W_{F2}\gamma + (-C_{s2} + 2f + C_c + 2W_{F2}\gamma)\lambda) + \phi\\&+ \lambda(d(G - W_{F1} - W_{F2}) + \phi)))\end{aligned}}{(-4b^2 + d^2)(1+\lambda)}\right)
\end{aligned}$$

$$(A10)$$

进而得到 (A10) 式关于 W_{F1} 和 W_{F2} 的海塞矩阵:

$$H = \begin{bmatrix} \dfrac{2bd^2 - 4b^3(1+\lambda)}{(4b^2 - d^2)(1+\lambda)} & \dfrac{\begin{array}{c}2bd^2 - d^3\gamma\lambda - 4b^3(1+\lambda) \\ + b^2 d\gamma(2+5\lambda)\end{array}}{(4b^2 - d^2)(1+\lambda)} \\[3em] \dfrac{\begin{array}{c}2bd^2 - d^3\gamma\lambda - 4b^3(1+\lambda) \\ + b^2 d\gamma(2+5\lambda)\end{array}}{(4b^2 - d^2)(1+\lambda)} & \dfrac{\begin{array}{c}2(-d^3\gamma\lambda + b^2 d\gamma(2+5\lambda) \\ + bd^2(1+\gamma^2(1+2\lambda)) - 2b^3 \\ (1+\lambda+\gamma^2(1+2\lambda)))\end{array}}{(4b^2 - d^2)(1+\lambda)} \end{bmatrix}$$

其中，$\dfrac{2bd^2 - 4b^3(1+\lambda)}{(4b^2 - d^2)(1+\lambda)} < 0$，$b > d > 0$。

$$|H| = \frac{(b-d)(b+d)\gamma^2(d^4\lambda^2 + 16b^4(1+\lambda)(1+2\lambda) - b^2 d^2(2+3\lambda)^2)}{(-4b^2 + d^2)^2(1+\lambda)^2}$$

$$= \frac{(b-d)(b+d)\gamma^2}{(-4b^2 + d^2)^2(1+\lambda)^2}\begin{bmatrix} d^4\lambda^2 + 16b^4(1+\lambda)(1+2\lambda) \\ - b^2 d^2(2+3\lambda)^2 \end{bmatrix}$$

$$\geqslant \frac{(b-d)(b+d)\gamma^2}{(-4b^2 + d^2)^2(1+\lambda)^2}\begin{bmatrix} d^4\lambda^2 + b^2 d^2(16(1+\lambda)(1+2\lambda) \\ - (2+3\lambda)^2 \end{bmatrix}$$

$$= \frac{(b-d)(b+d)\gamma^2}{(-4b^2 + d^2)^2(1+\lambda)^2}\left[d^4\lambda^2 + 12 + \lambda(36 + 23\lambda) \right] > 0$$

因此，H 是负定的，并且 $\Pi_{Fs}(W_{F1}, W_{F2})$ 是关于 P_{Fm} 和 P_{Fr} 的共同凹函数的，并且对于 P_{Fm} 和 P_{Fr}，（A13）式有唯一的最优解，取（A13）式关于 W_{F1} 和 W_{F2} 的一阶条件：

$$\begin{aligned} W_{F1}^* = & (-d^5(-C_{s2} + f + G\gamma)\lambda^2 + A_r b(b-d)(1+\lambda)(-2b^2 d\gamma\lambda + d^3\gamma\lambda \\ & + 8b^3(1+\lambda) - bd^2(2+\lambda)) + 8b^5(1+\lambda)(2f + C_c + (-A_m + S) \\ & \gamma + (4f + C_c + 2(-A_m + S\gamma)\lambda + C_{s2}(-1+\gamma - 3\lambda + 2\gamma\lambda)) \\ & + bd^3\lambda(d(A_m + G - (C_{s2} + C_c)\gamma + (A_m + S + f + (S - C_c)\gamma)\lambda) \\ & - (-1+\gamma)(1+\lambda)\phi) - b^3 d(C_{s2} d(-1+\gamma)(2 + \lambda(3 + 2\lambda) \\ & + d(2(-A_m + S\gamma + (A_m(6 - 7\gamma) + S(6 + 5\gamma))\lambda + (A_m(6 - 5\gamma) \\ & + 2S(3 + 2\gamma))\lambda^2 + f(2 + 3\lambda)^2 - C_c(1+\lambda)(-2 + (-1 + 2\gamma)\lambda)) \\ & - 2(-3+\gamma)\lambda(1+\lambda)\phi). - 2b^4(1+\lambda)(C_{s2} d(-4 - 15\lambda \\ & + \gamma(4 + 9\lambda)) + d((S - A_m)(4\gamma + 8) - 3(A_m + S)\lambda + \gamma\lambda \\ & + 8(1 + 2\lambda) + C_c(4 + (4+\gamma)\lambda)) + 4(1+\lambda - \gamma(1+2\lambda))\phi) \end{aligned}$$

$$+ b^2 d^2 (C_{s2} d(-2 - \lambda(10 + 9\lambda)) + \gamma(2 + \lambda(6 + 5\lambda)))$$
$$+ d(2(-A_m + S)\gamma - (A_m + S)\lambda + f(2 + 3\lambda)^2 + P_{Fc}(1 + \lambda)$$
$$(2 + \lambda + \gamma\lambda) + \lambda(S(5\gamma - \lambda + 4\gamma\lambda) - A_m(7\gamma + \lambda + 5\gamma\lambda)))$$
$$- (1 + \lambda)(-2 - \lambda + \gamma(2 + 5\lambda))\phi))/((b - d)\gamma(d^4\lambda^2$$
$$+ 16b^4(1 + \lambda)(1 + 2\lambda) - b^2 d^2(2 + 3\lambda)^2)) \tag{A11}$$

$$W_{F2}^* = (d^5(-C_{s2} + f)\lambda^2 - A_r b^2(b - d)(1 + \lambda)(8b^2(1 + \lambda) - d^2(2 + \lambda))$$
$$+ 8b^5(1 + \lambda)(C_{s2} + 3C_{s2}\lambda - C_c(1 + \lambda) - 2f(1 + 2\lambda))$$
$$+ bd^3\lambda(-d(A_m + G) - d(A_m + S + f)\lambda - (1 + \lambda)\phi) + 2b^4(1 + \lambda)$$
$$(-C_{s2} d(4 + 15\lambda) + d(-3(A_m + S)\lambda + 4C_c(1 + \lambda) + 8f(1 + 2\lambda))$$
$$+ 4(1 + \lambda)\phi) + b^3 d(d(f(2 + 3\lambda)^2 + (1 + \lambda)(6(A_m + S)\lambda$$
$$+ C_c(2 + \lambda)) - C_{s2}(2 + \lambda(3 + 2\lambda))) + 6\lambda(1 + \lambda)\phi) + b^2 d^2$$
$$(C_{s2} d(2 + \lambda(10 + 9\lambda)) + d(-f(2 + 3\lambda)^2 - (1 + \lambda)(-(A_m + S)\lambda$$
$$+ C_c(2 + \lambda))) - (1 + \lambda)(2 + \lambda)\phi))/((b - d)\gamma(d^4\lambda^2 + 16b^4$$
$$(1 + \lambda)(1 + 2\lambda) - b^2 d^2(2 + 3\lambda)^2)) \tag{A12}$$

将(A11) 式和 (A12) 式代入 (A8) 式和(A9) 式，我们得到：

$$P_{Fm}^* = (4b^5 G(1 + \lambda)(1 + 2\lambda) + A_m b^2(b - d)(1 + \lambda)(d^2\lambda + b^2(4 + 8\lambda))$$
$$+ d^4\lambda^2\phi + b^4(1 + \lambda)(2d(A_r - 2C_{s1} - C_{s2} - 2(m_1 + m_2) + C_c)$$
$$+ d(3A_r - 8C_{s1} - 5C_{s2} - 8(m_1 + m_2) + 3C_c)\lambda + 12\phi + 24\lambda\phi)$$
$$- b^3 d(1 + \lambda)(2d(C_{s2} + C_c) - d(C_{s1} - 2C_{s2} + m_1 + m_2 - 3C_c)\lambda$$
$$+ A_r d(2 + 3\lambda) + (2 + 3\lambda)\phi) + b^2 d^2(-dG)\lambda(1 + \lambda) - (1 + 2\lambda)$$
$$(4 + 5\lambda)\phi))/((b - d)(d^4\lambda^2 + 16b^4(1 + \lambda)(1 + 2\lambda)$$
$$- b^2 d^2(2 + 3\lambda)^2)) \tag{A13}$$

$$P_{Fr}^* = (4b^5(C_{s2} + C_c)(1 + \lambda)(1 + 2\lambda) + A_r b^2(b - d)(1 + \lambda)(-d^2\lambda$$
$$+ b^2(4 + 8\lambda)) + d^4\lambda^2\phi + bd^3\lambda^2(d(A_m + G) + \phi) + b^4(1 + 2\lambda)$$
$$(d(2(A_m + S - C_{s2} - 2C_c) + (3A_m + 3C_{s1} - C_{s2} + 3(m_1 + m_2)$$
$$- 4C_c)\lambda) + 12(1 + \lambda)\phi) - b^3 d(d(2(A_m + G) + (7A_m + 7C_{s1}$$
$$+ 8C_{s2} + 7(m_1 + m_2) + C_c)\lambda + (6A_m + 6C_{s1} + 7C_{s2} + 6(m_1 + m_2)$$
$$+ C_c)\lambda^2) + (2 + \lambda(7 + 6\lambda))\phi) + b^2 d^2(d\lambda(C_{s2} + C_c - (A_m$$
$$+ S - C_c)\lambda) - (4 + \lambda(11 + 8\lambda))\phi))/((b - d)(d^4\lambda^2$$
$$+ 16b^4(1 + \lambda)(1 + 2\lambda) - b^2 d^2(2 + 3\lambda)^2)) \tag{A14}$$

8.3.3 中 NF 模型均衡解的求解过程

在解决过程中，类似于第 4.1 节，我们可以得到零部件 1 和零部件 2 的最优批发价格如下：

$$W_{\text{NF1}}^* = \frac{\begin{array}{l}(b-d)(A_r + 2f + C_{s2}(-1+\gamma) \\ + \gamma(-A_m + S) + C_c) + (-1+\gamma)\phi\end{array}}{2(b-d)\gamma} \quad (\text{A15})$$

$$W_{\text{NF2}}^* = \frac{-(b-d)(A_r - C_{s2} + 2f + C_c) + \phi}{2(b-d)\gamma} \quad (\text{A16})$$

然后将（A15）式和（A16）式代入（A8）式和（A9）式，得到：

$$P_{\text{NF}m}^* = \frac{1}{2(b-d)(4b^2-d^2)(1+\lambda)}\left(\begin{array}{l}2b^3G(1+\lambda) + A_m(b-d) \\ (d^2\lambda + 2b^2(1+\lambda)\end{array}\right)$$
$$+ bd(-d(A_r + C_{s2} + C_c) + dG\lambda - \phi) + b^2(d(A_r - 2S - C_{s2}$$
$$+ C_c - 2G\lambda) + 6(1+\lambda)\phi) + d^2(-dG\lambda - (2+3\lambda)\phi)) \quad (\text{A17})$$

$$P_{\text{NF}r}^* = \frac{1}{2(b-d)(4b^2-d^2)(1+\lambda)}\left(2A_r b^2(b-d) + 2b^3(C_{s2} + C_c)\right.$$
$$- 2d^2(1+\lambda)\phi - bd(1+3\lambda)(d(A_m + G) + \phi) + b^2(d(A_m + S$$
$$\left. - C_{s2} - 2C_c + 3(A_m + G)\lambda) + 6\phi + 8\lambda\phi)\right)$$

$$(\text{A18})$$

第9章 总结及进一步的研究方向

9.1 全书总结及主要结论

再制造及闭环供应链相关问题正逐渐成为新的社会热点问题，学者们已经从多个方面去研究，包括了渠道管理、供应链设计、网络均衡、定价与协调等问题。但另一方面，闭环供应链系统化中考虑行为因素的相关研究并不是很充分。本书采用定量化分析手段，研究了公平关切下的再制造与闭环供应链的定价及协调、混合回收、成本分担、环保意识、专利保护与两级再制造决策问题，主要结论如下：

第三章在考虑成员公平关切情形下研究成员及系统的差别定价决策与协调策略，通过比较公平中性与公平关切情形时的结果以分析公平关切对决策的影响。研究表明：制造商公平关切对制造商、零售商以及整个系统都会产生不利；而零售商公平关切对制造商不利、对零售商有利，使得它们的利润一减一增，但系统利润不变，且产品价格、销量也不受零售商公平关切的影响；在制造商和零售商均公平关切时，当双方的公平关切程度增加时，对制造商有利，当制造商公平关切程度减小、零售商公平关切程度增加时，对零售商有利，并采用收益共享契约来协调。

第四章针对同时生产新产品和再制造产品的制造商和同时进行销售和回收的零售商组成的闭环供应链，在考虑闭环供应链中公平关切和成本分担情形下，分析零售商公平关切、制造商成本分担对供应链决策的影响。研究结果表明：当零售商公平中性时，制造商的成本分担与零售商的回收率正相关，且制造商的成本分担能够提高回收率、降低回收产品的单位转让价格；当制造商不参与回收成本分担时，零售商的公平关切程度与零售商的利润正相关，与回收率、制造商的利润均负相关，且不会影响系统的总利润；当公平关切和成本分担都存在时，成本分担远小于公平关切对供应链决策产生的影响。

第五章针对同时进行新旧产品的生产活动的制造者和同时进行销售和回收的零售商以及消费者组成的供应链系统，在考虑零售商公平关切以及回收成本分担的供应链回收与定价策略，分析消费者的环保意识对供应链系统的影响。研究表明：消费者环保意识的提高以及回收活动的参与度的提高，对回收量一定是促进作用，且对供应链系统的总利润也是促进作用，不利于提高零售商的回收努力水平；零售商公平关切下的批发价格、制造商支付给零售商的转移价格、零售商回收努力水平和回收率均比零售商公平中性行为下有所提高。

第六章在考虑由一个制造商和一个公平关切型零售商或一个制造商、一个公平关切型零售商和一个第三方回收商组成的双回收渠道闭环供应链。在该闭环供应链中，制造商生产新产品和再制造产品，零售商销售产品并回收废旧产品，第三方回收商也回收废旧产品。根据回收渠道选择不同，建立 4 种混合回收渠道模型，即制造商和零售商混合回收渠道(MR)模型、制造商和第三方混合回收渠道(MT)模型、零售商和第三方混合回收渠道(RT)模型、制造商，零售商及第三方混合回收渠道(MRT)模型。

第七章针对再制造知识产权保护在相关文献研究中的不足，基于一个制造商和一个零售商组成的双渠道闭环供应链，引入了零售商的公平关切，建立了受专利保护的原始制造商允许零售商对废旧产品进行再制造的博弈模型，同时分析了单位专利许可费用对旧产品回收再制造的影响。最后，通过数值分析，验证了我们得出结论的正确性。

第八章考虑了由供应商、装配商和再制造商组成的两级再制造模型。供应商生产两个部件，由装配商组装成一个新产品，然后卖给市场，再制造商收集废旧产品，由再制造商分成两种类型的部件，普通部件可以直接再制造，但再制造商需要向供应商支付专利许可费，核心部件需要由供应商再制造，然后由再制造商将两种再生部件组装成再制造产品，装配商和再制造商竞争新的以及再制造的产品。我们使用斯塔克伯格博弈模型的定价策略获得两个零部件的均衡批发价格和零售价格，在三种情况下无公平关切行为(N 模型)、供应商关心再制造商的公平关切行为(F 模型)、供应商不关心再制造商的公平关切行为(NF 模型),得到了定价决策的均衡解,并对单位专利许可费、利润和公平关切系数进行敏感性分析,表明 F 模型对再制造商和整个供应链是最好的,N 模型对供应商是最好的,NF 模型对装配商是最好的。

9.2 进一步研究的方向

由于本书是在公平关切背景下针对再制造闭环供应链的定价、协调与回收决策展开的相关研究,而关于此方面的研究包括了非常多的内容,本书仅对其中的部分问题进行了探讨,未来可从以下几方面进一步研究:

(1)本书未考虑消费者对供应链回收的影响,且只涉及仅零售商的公平关切,下一步可以研究考虑消费者环保意识下供应链成员均公平关切的供应链最优决策,而且并未考虑到制造商在进行成本分担行为的同时是否为具有公平关切行为以及零售商对制造商的研发制造成本的分担行为,也未比较零售商与制造商的利润,因此在未来的研究中会朝着这个方向继续进行研究。

(2)本书仅考虑了纵向公平关切的情况,当供应链内部存在横向竞争时,供应链成员除了会产生纵向公平关切,还会产生横向公平关切,未来可进一步研究不同类型的公平关切对供应链决策会产生怎样的影响。

(3)本书只涉及仅制造商具公平关切和仅零售商具公平关切时的协调策略,并未考虑双方均公平关切的协调策略;此外,本书未考虑到信息不对称的影响,在零售商或制造商存在私有信息时,它们的公平偏好对双渠道供应链的影响也是未来可以进一步研究的方向。

参 考 文 献

[1] Atasu A, Sarvary M, Van Wassenhove L N. Remanufacturing as a marketing strategy[J]. Management Science, 2008, 54(10): 1731-1746.

[2] Cai K, He S, He Z. Information sharing under different warranty policies with cost sharing in supply chains [J]. International Transactions in Operational Research, 2020, 27(3): 1550-1572.

[3] Choi S, Messinger P R. The role of fairness in competitive supply chain relationships: An experimental study [J]. European Journal of Operational Research, 2016, 251(3): 798-813.

[4] Cui T H, Raju J S, Zhang Z J. Fairness and channel coordination [J]. Management Science, 2007, 53(8): 1303-1314.

[5] Debo L G, Toktay L B, Van Wassenhove L N. Market segmentation and product technology selection for remanufacturable products [J]. Management science, 2005, 51(8): 1193-1205.

[6] Du S, Hu L, Song M. Production optimization considering environmental performance and preference in the cap-and-trade system[J]. Journal of Cleaner Production, 2016, 112(5): 1600-1607.

[7] Du J, Liu S, Liu Y. A limited cost consensus approach with fairness concern and its application[J]. European Journal of Operational Research, 2022, 298 (1): 261-275.

[8] Fehr E, Schmidt K M. A theory of fairness, competition, and cooperation[J]. The Quarterly Journal of Economics, 1999, 114(3): 817-868.

[9] Ferguson M E, Toktay L B. The effect of competition on recovery strategies[J]. Production and Operations Management, 2006, 15(3): 351-368.

[10] Ferguson M, Guide Jr V D R, Souza G C. Supply chain coordination for false

failure returns[J]. Manufacturing & Service Operations Management, 2006, 8 (4): 376-393.

[11]Ferrer G, Swaminathan J M. Managing new and differentiated remanufactured products[J]. European Journal of Operational Research, 2010, 203 (2): 370-379.

[12]Ferrer G, Swaminathan J M. Managing new and remanufactured products[J]. Management science, 2006, 52(1): 15-26.

[13]Ginsburg J. Manufacturing: Once is not enough[J]. Business Week, 2001 (16): 128-129.

[14]Guan Z, Ye T, Yin R. Channel coordination under Nash bargaining fairness concerns in differential games of goodwill accumulation[J]. European Journal of Operational Research, 2020, 285(3): 916-930.

[15]He D, Deng X. Price competition and product differentiation based on the subjective and social effect of consumers' environmental awareness [J]. International Journal of Environmental Research and Public Health, 2020, 17 (3): 716.

[16]He J H, Zhang L, Fu X, Tsai F S. Fair but risky? Recycle pricing strategies in closed-loop supply chains[J]. International Journal of Environmental Research and Public Health, 2018, 15(12): 2870-2870.

[17]Ho T H, Su X, Wu Y. Distributional and peer-induced fairness in supply chain contract design[J]. Production and Operations Management, 2014, 23(2): 161-175.

[18]Hopp W J. Fifty years of management science[J]. Management Science, 2004, 50(1): 1-7.

[19]Huang Y, Liang Y. Exploring the strategies of online and offline recycling channels in closed-loop supply chain under government subsidy [J]. Environmental Science and Pollution Research, 2021: 1-12.

[20]Ji J, Zhang Z, Yang L. Carbon emission reduction decisions in the retail-/dual-channel supply chain with consumers' preference [J]. Journal of Cleaner Production, 2017, 141(9): 852-867.

[21]Li Y, Pan J, Tang X. Optimal strategy and cost sharing of free gift cards in a

retailer power supply chain [J]. International Transactions in Operational Research, 2021, 28(2): 1018-1045.

[22] Li Q, Xiao T, Qiu Y. Price and carbon emission reduction decisions and revenue-sharing contract considering fairness concerns[J]. Journal of Cleaner Production, 2018, 190: 303-314.

[23] Li T, Xie J, Zhao X, et al. On supplier encroachment with retailer's fairness concerns[J]. Computers & Industrial Engineering, 2016, 98: 499-512.

[24] Liu K, Li C F, Gu R. Pricing and logistics service decisions in platform-led electronic closed-loop supply chain with remanufacturing[J]. Sustainability, 2021, 13(20): 11357.

[25] Liu S, Yao F, Chen D. CSR investment decision and coordination strategy for closed-loop supply chain with two competing retailers[J]. Journal of Cleaner Production, 2021, 310: 127378.

[26] Loch C H, Wu Y. Social preferences and supply chain performance: An experimental study[J]. Management Science, 2008, 54(11): 1835-1849.

[27] Mitra S, Webster S. Competition in remanufacturing and the effects of government subsidies [J]. International Journal of Production Economics, 2008, 111(2): 287-298.

[28] Ozgun C D, Chen Y F, Li J. Channel Coordination under fairness concerns and nonlinear demand. European Journal of Operational Research, 2010, 207(3): 1321-1326.

[29] Qian X, Chan F T S, Zhang J, et al. Channel coordination of a two-echelon sustainable supply chain with a fair-minded retailer under cap-and-trade regulation[J]. Journal of Cleaner Production, 2020, 244: 118715.

[30] Savaskan R C, Van Wassenhove L N. Reverse channel design: the case of competing retailers[J]. Management Science, 2006, 52(1): 1-14.

[31] Savaskan R C, Bhattacharya S, Van Wassenhove L N. Closed-loop supply chain models with product remanufacturing[J]. Management Science, 2004, 50(2): 239-252.

[32] Shi Y, Zhu J. Game-theoretic analysis for a supply chain with distributional and peer-induced fairness concerned retailers [J]. Management Science and

Engineering, 2014, 8(1): 78-84.

[33] Skallerud K, Armbrecht J, Tuu H H. Intentions to Consume Sustainably Produced Fish: The Moderator Effects of Involvement and Environmental Awareness[J]. Sustainability, 2021, 13(2): 946-953.

[34] Skowron L, Sak-Skowron M. Environmental Sensitivity and Awareness as Differentiating Factors in the Purchase Decision-Making Process in the Smartphone Industry—Case of Polish Consumers[J]. Sustainability, 2021, 13(1): 348-354.

[35] Vorasayan J, Ryans M. Optimal price and quantity of refurbished products[J]. Production and Operations Management, 2006, 15(3): 369-383.

[36] Wang X H. Fee versus royalty licensing in a differentiated Cournot duopoly[J]. Journal of Economics & Business, 2002, 54(2): 253-266.

[37] Wang Y Y, Su Mi, Shen L, Tang R Y. Decision-making of closed-loop supply chain under corporate social responsibility and fairness concerns[J]. Journal of Cleaner Production, 2021, 284: 125373.

[38] Wang Y Y, Yu Z Q, Shen L. Study on the decision-making and coordination of an e-commerce supply chain with manufacturer fairness concerns [J]. International Journal of Production Research, 2019, 57(9): 2788-2808.

[39] Wang X, Leng M, Song J, et al. Managing a supply chain under the impact of customer reviews: a two-period game analysis [J]. European Journal of Operational Research, 2019, 277(2): 454-468.

[40] Wang Y, Fan R, Shen L, et al. Decisions and coordination of green e-commerce supply chain considering green manufacturer's fairness concerns[J]. International Journal of Production Research, 2020, 58(24): 7471-7489.

[41] Wang Y, Fan R, Shen L, et al. Recycling decisions of low-carbon e-commerce closed-loop supply chain under government subsidy mechanism and altruistic preference[J]. Journal of Cleaner Production, 2020, 259: 120883.

[42] Wang Y, Yu Z, Shen L. Study on the decision-making and coordination of an e-commerce supply chain with manufacturer fairness concerns[J]. International Journal of Production Research, 2019, 57(9): 2788-2808.

[43] Wang Y, Yu Z, Jin M, et al. Decisions and coordination of retailer-led low-

carbon supply chain under altruistic preference[J]. European Journal of Operational Research, 2021, 293(3): 910-925.

[44]Wang Y, Yu Z, Shen L, et al. Impacts of altruistic preference and reward-penalty mechanism on decisions of E-commerce closed-loop supply chain[J]. Journal of Cleaner Production, 2021, 315: 128132.

[45]Yan B, Chen Y R, He S Y. Decision making and coordination of fresh agriculture product supply chain considering fairness concerns[J]. RAIRO - Operations Research, 2020, 54(4): 1231-1248.

[46]Yan B, Chen Z, Liu Y P, et al. Pricing decision and coordination mechanism of dual-channel supply chain dominated by a risk-aversion retailer under demand disruption[J]. RAIRO-Operations Research, 2021, 55(2): 433-456.

[47]Yu X, Wang S, Zhang X. Ordering decision and coordination of a dual-channel supply chain with fairness concerns under an online-to-offline model[J]. Asia-Pacific Journal of Operational Research, 2019, 36(02): 1940004.

[48]Yu N, Wang S, Liu Z. Managing brand competition with consumer fairness concern via manufacturer incentive[J]. European Journal of Operational Research, 2022, 300(2): 661-675.

[49]Zhang L, Zhou H, Liu Y, et al. Optimal environmental quality and price with consumer environmental awareness and retailer's fairness concerns in supply chain[J]. Journal of Cleaner Production, 2019, 213: 1063-1079.

[50]Zhang Y, Hezarkhani B. Competition in dual-channel supply chains: The manufacturers' channel selection[J]. European Journal of Operational Research, 2021, 291(1): 244-262.

[51]Zhang Z, Liu S, Niu B. Coordination mechanism of dual-channel closed-loop supply chains considering product quality and return[J]. Journal of cleaner production, 2020, 248: 119273.

[52]Zheng B R, Chu J, Jin L. Recycling channel selection and coordination in dual sales channel closed-loop supply chains[J]. Applied Mathematical Modelling, 2021, 95: 484-502.

[53]Zheng X X, Liu Z, Li K W, et al. Cooperative game approaches to coordinating a three-echelon closed-loop supply chain with fairness

concerns［J］. International Journal of Production Economics, 2019, 212: 92-110.

[54]Zhou Z, Hu F, Xiao D. Optimal pricing strategy of competing manufacturers under carbon policy and consumer environmental awareness［J］. Computers & Industrial Engineering, 2020, 150: 106918.

[55]Zhou Q, Li Q, Hu X, et al. Optimal contract design problem considering the retailer's fairness concern with asymmetric demand information［J］. Journal of Cleaner Production, 2021, 287: 125407.

[56]Zhou Y, Bao M, Chen X, et al. Co-op advertising and emission reduction cost sharing contracts and coordination in low-carbon supply chain based on fairness concerns［J］. Journal of Cleaner Production, 2016, 133: 402-413.

[57]顾巧伦, 高铁杠, 石连栓. 基于博弈论的逆向供应链定价策略分析［J］. 系统工程理论与实践, 2005(3): 20-25.

[58]黄祖庆, 达庆利. 直线型再制造供应链决策结构的效率分析［J］. 管理科学学报, 2006, 9(4): 51-57.

[59]葛静燕, 黄培清, 王子萍. 基于博弈论的闭环供应链协调问题［J］. 系统管理学报, 2007, 16(5): 549-552.

[60]黄祖庆, 易荣华, 达庆利. 第三方负责回收的再制造闭环供应链决策结构的效率分析［J］. 中国管理科学, 2008, 16(3): 73-77.

[61]张蕾. 专利侵权判定中修理与再造的界定——以 Canon Vs. Recycle Assist 再生墨盒案为背景［J］. 电子知识产权, 2008(9): 52-55.

[62]易余胤. 具竞争零售商的再制造闭环供应链模型研究［J］. 管理科学学报, 2009, 12(6): 45-54.

[63]杜少甫, 杜婵, 梁樑, 刘天卓. 考虑公平关切的闭环供应链契约与协调［J］. 管理科学学报, 2010, 13(11): 41-48.

[64]王文宾, 达庆利, 聂锐. 考虑渠道权力结构的闭环供应链定价与协调［J］. 中国管理科学, 2011, 19(5): 29-36.

[65]王文宾, 达庆利. 奖惩机制下闭环供应链的决策与协调［J］. 中国管理科学, 2011, 19(1): 36-41.

[66]李响, 李勇建. 随机环境下考虑回收定价与销售定价的逆向供应链优化与协调研究［J］. 系统科学与数学, 2011, 31(11): 1511-1523.

[67] 马利军. 具有公平偏好成员的两阶段供应链分析[J]. 运筹与管理, 2011, 20(2): 37-43.

[68] 熊中楷, 申成然, 彭志强. 专利保护下再制造闭环供应链协调机制研究[J]. 管理科学学报, 2011, 14(6): 76-85.

[69] 邢伟, 汪寿阳, 赵秋红, 华国伟. 考虑渠道公平的双渠道供应链均衡策略[J]. 系统工程理论与实践, 2011, 31(7): 1249-1256.

[70] 熊中楷, 申成然, 彭志强. 专利保护下闭环供应链的再制造策略研究[J]. 管理工程学报, 2012, 26(3): 159-165.

[71] 张曙红, 张金隆, 冷凯君. 基于政府激励的再制造闭环供应链定价策略及协调机制研究[J]. 计算机集成制造系统, 2012, 18(12): 2750-2755.

[72] 聂佳佳. 渠道结构对第三方负责回收闭环供应链的影响[J]. 管理工程学报, 2012, 26(3): 151-158.

[73] 郭军华, 李帮义, 倪明. WTP差异下再制造闭环供应链的定价策略与协调机制[J]. 系统管理学报, 2012, 21(5): 617-624.

[74] 唐秋生, 牛婷婷, 马先婷. 基于Stackelberg理论的MeRCRM型闭环供应链批量折扣协调机制与定价策略[J]. 管理工程学报, 2012, 26(4): 183-191.

[75] 易余胤, 袁江. 渠道冲突环境下的闭环供应链协调定价模型[J]. 管理科学学报, 2012, 15(1): 54-65.

[76] 黄宗盛, 聂佳佳, 胡培. 专利保护下的闭环供应链再制造模式选择策略[J]. 工业工程与管理, 2012, 17(6): 15-21.

[77] 王建明. 专利保护下再制造闭环供应链差别定价与协调研究[J]. 运筹与管理, 2013(3): 89-96.

[78] 申成然, 熊中楷, 彭志强. 专利保护与政府补贴下再制造闭环供应链的决策和协调[J]. 管理工程学报, 2013, 27(3): 131-137.

[79] 孙嘉轶, 滕春贤, 陈兆波. 基于回收价格与销售数量的再制造闭环供应链渠道选择模型[J]. 系统工程理论与实践, 2013, 33(12): 3079-3086.

[80] 唐秋生, 牛婷婷, 马先婷. 有限产能下单向替代的闭环供应链定价模型研究[J]. 管理工程学报, 2013, 27(1): 114-120.

[81] 马利军, 曾清华, 邵新建. 幂函数需求模式下具有公平偏好的供应链协调[J]. 系统工程理论与实践, 2013, 33(12): 3009-3019.

[82]毕功兵,何仕华,罗艳,梁樑. 公平偏好下销售回扣契约供应链协调[J]. 系统工程理论与实践,2013,33(10):2505-2512.

[83]毕功兵,瞿安民,梁樑. 不公平厌恶下供应链的批发价格契约与协调[J]. 系统工程理论与实践,2013,33(1):134-140.

[84]丁雪峰,魏芳芳,但斌. 零售商公平关切下闭环供应链定价与协调机制[J]. 计算机集成制造系统,2014,20(6):1471-1480.

[85]王芹鹏,赵道致. 消费者低碳偏好下的供应链收益共享契约研究[J]. 中国管理科学,2014,22(9):106-113.

[86]浦徐进,龚磊,张兴. 考虑零售商公平偏好的促销努力激励机制设计[J]. 系统工程理论与实践,2015,35(9):2271-2279.

[87]申成然,熊中楷,孟卫军. 考虑专利保护的闭环供应链再制造模式[J]. 系统管理学报,2015,24(1):123-129.

[88]陈章跃,王勇,陈晓旭. 制造商双向公平关切下闭环供应链的竞争分析[J]. 管理学报,2016,13(5):772-780.

[89]林强,覃燕红. 不同公平关切下的供应链定价决策分析[J]. 工业工程,2016,19(2):33-37.

[90]刘云志,樊治平. 模糊需求下考虑供应商公平偏好的 VMI 供应链协调[J]. 系统工程理论与实践,2016,36(7):1661-1675.

[91]刘志,李帮义,龚本刚,程晋石. 再制造商公平关切下闭环供应链生产设计决策与协调[J]. 控制与决策,2016,31(9):1615-1622.

[92]石平,颜波,石松. 考虑公平的绿色供应链定价与产品绿色度决策[J]. 系统工程理论与实践,2016,36(8):1937-1950.

[93]石松,颜波,石平. 考虑公平关切的自主减排低碳供应链决策研究[J]. 系统工程理论与实践,2016,36(12):3079-3091.

[94]卢荣花,李南. 电子产品闭环供应链回收渠道选择研究[J]. 系统工程理论与实践,2016,36(7):1687-1695.

[95]姚锋敏,滕春贤. 公平关切下第三方回收闭环供应链决策模型[J]. 中国管理科学,2016,24(S1):577-583.

[96]郑本荣,杨超,杨珺,曹晓刚. 闭环供应链的销售渠道选择与协调策略研究[J]. 系统工程理论与实践,2016,36(5):1180-1192.

[97]姚锋敏,滕春贤. 公平关切下的两零售商竞争闭环供应链决策模型[J].

计算机集成制造系统，2017，23（8）：1731-1738.

[98]易余胤，梁家密，谭燕菲.基于公平偏好的供应链延保服务模型研究[J].系统工程理论与实践，2017，37（12）：3066-3078.

[99]李波，侯鹏文，李庆华.考虑供应链成员公平关切的双渠道供应链合作广告策略[J].系统管理学报，2017，26（3）：562-568.

[100]曹晓刚.不确定环境下的闭环供应链定价、协调与网络均衡决策[M].科学出版社，2017.

[101]谢家平，梁玲，孔凡玉，孔詠炜.渠道努力下互补型闭环供应链定价与服务决策[J].系统工程理论与实践，2017，37（9）：2331-2343.

[102]邹清明，叶广宇.考虑公平关切的双向双渠道闭环供应链的定价决策[J].系统管理学报，2018，27（2）：281-290.

[103]马德青，胡劲松.零售商具相对公平的闭环供应链随机微分博弈模型[J].管理学报，2018，15（3）：467-474.

[104]宋明珍，谢家平，袁晓冬.消费者环保意识对零售商负责回收闭环供应链的影响[J].上海管理科学，2019，41（1）：37-43.

[105]许民利，王洁，简惠云.竞争回收平台双向公平关切下逆向供应链的决策分析[J].管理学报，2020，17（09）：1402-1411.

[106]许民利，向泽华，简惠云.考虑消费者环保意识的双渠道回收模型[J].控制与决策，2020，35（3）：713-720.

[107]杨惠霄，欧锦文.收入共享与谈判权力对供应链碳减排决策的影响[J].系统工程理论与实践，2020，40（9）：2379-2390.

[108]曹裕，胡韩莉，李青松.成本分担契约下绿色供应链的环境标签策略选择研究[J].中国管理科学，2020，39（12）：1-13.

[109]范建昌，付红，李余辉，洪定军.渠道权力结构与责任成本分担下供应链质量及协调研究[J].系统工程理论与实践，2020，40（7）：1767-1779.

[110]公彦德，蒋雨薇，达庆利.不同混合回收模式和权力结构的逆向供应链决策分析[J].中国管理科学，2020，28（10）：131-143.

[111]王道平，朱梦影，王婷婷.生鲜供应链保鲜努力成本分担契约研究[J].工业工程与管理，2020，25（2）：36-43.

[112]王兴棠.绿色研发补贴、成本分担契约与收益共享契约研究[J].中国

管理科学，2020，78(12)：1-12.

[113]王永明，余小华，尹红丽. 基于风险规避和公平偏好的供应链收益共享契约协调研究[J]. 中国管理科学，2021，29(7)：148-159.

[114]江玉庆，刘利平，刘帆. BOPS 模式下基于成本共担契约的供应链协调策略[J]. 控制与决策，2021，27(4)：66-71.

[115]李重莲，范定祥，王晓蕾. 双向公平关切下双渠道供应链的线上线下融合契约设计[J]. 中国管理科学，2021，29(11)：122-133.

[116]林强，宋佳琦，付文慧. 考虑公平偏好的零售商主导型供应链均衡决策研究[J]. 中国管理科学，2021，29(6)：149-159.

[117]刘家国，张鑫，李健. 需求不确定环境下零售商公平偏好机制与行为策略研究[J]. 系统工程理论与实践，2021，41(7)：1794-1805.

[118]赵燕飞，王勇，文悦，石国强. 需求信息不对称下考虑公平关切的供应链产品定价决策研究[J]. 管理学报，2021，18(6)：919-928.

[119]韩同银，刘丽，金浩. 考虑政府补贴和公平关切的双渠道绿色供应链决策研究[J]. 中国管理科学：1-12[2022-02-24].